C·H·Beck
PAPERBACK

Singles und Menschen, die allein leben, sind besonders anfällig für Macken und Spleens – nicht weil sie eine spezielle Persönlichkeit aufweisen, sondern einfach, weil sie die Gelegenheit dazu haben. Wer seinen Alltag nicht dauerhaft mit jemandem teilen muss, kann die eigenen Bedürfnisse in den Mittelpunkt stellen und sein eigenes System kompromisslos durchsetzen. Dieses Buch zeigt Ihnen, dass Sie sich keine Sorgen machen müssen, auch wenn Ihr Verhalten Ihnen skurril erscheinen mag. Fanny Jiménez erklärt, dass selbst scheinbar völlig absurde Macken eine Funktion erfüllen: Sie helfen uns, Ängste auszuhalten, und geben uns ein Gefühl der Kontrolle, wenn wir uns überfordert oder ohnmächtig fühlen. Wie gute Freunde sind sie einfach da, wenn man sie braucht. Dieses Buch zeigt, dass es sich lohnt, sich an seinen Spleens und Schrulligkeiten zu freuen, und sie nicht zu verstecken. Sie machen jede Persönlichkeit zu etwas Besonderem.

Fanny Jiménez, ist promovierte Psychologin und arbeitet als Wissenschaftsjournalistin bei der *Welt*. Dort schrieb sie mehrere Jahre in ihrer Kolumne «Bin ich eigentlich noch normal, wenn ...?» über Macken und Marotten.

Fanny Jiménez

Ich und mein Spleen

Was wir tun, wenn wir allein sind

C.H.Beck

Originalausgabe

Umschlaggestaltung: Geviert, Grafik & Typografie, Michaela Kneißl
Umschlagabbildung: Isabel Große Holtforth
Satz, Druck und Bindung: Druckerei C.H.Beck, Nördlingen
Printed in Germany
ISBN 978 3 406 69832 3

www.chbeck.de

Inhalt

Vorwort

Ich hatte schon immer ein Problem mit Messern. Sie sind nützlich, klar. Jeder braucht sie, es sind die ersten Werkzeuge der Menschheitsgeschichte, die Faustkeile, von denen viele Forscher sagen, sie machten den Affen erst zum Menschen. Ich weiß, dass man ohne Messer im Leben nicht weit kommt. Daher besitze ich Messer und benutze sie auch. Doch sie beunruhigen mich trotzdem. Sie sind mir nicht geheuer. Deshalb gehe ich sehr sorgfältig mit ihnen um: Ich wasche scharfe Messer sofort ab, wenn ich sie nicht mehr brauche, und räume sie weg. Messer liegen bei mir nicht frei herum. Meistens mischt sich keiner in meine Messer-Routine ein, zum Glück. Ich werde nervös, wenn Besuch zum Essen kommt und beim Schnippeln helfen will, und noch nervöser, wenn der Besuch beim Schnippeln mit dem Messer in der Hand gestikuliert oder herumläuft. Auch am Tisch, wenn die Messerspitze meines Gegenübers genau auf mich zeigt, werde ich unruhig. Ich tue so, als würde ich nach dem Salz oder etwas anderem greifen und stoße dabei das Messer so an, dass sich die Spitze ein bisschen dreht, weg von mir. Oder ich schiebe die Serviette über das Messer. Oder ich baue mit einem Brotkorb, einer Wasserflasche, einem Teelöffel eine Barriere zwischen mich und das Messer. Gestatten: Das bin ich, Fanny Jiménez, promovierte Psychologin. Und das mit dem Messer, das ist er, mein Spleen. Mein unsichtbarer Freund.

Ich möchte Ihnen hier eine Geschichte erzählen. Eine Geschichte davon, wie solche unsichtbaren Freunde jeden von uns durch das Leben begleiten. Hier soll es um Spleens gehen, um Ticks und Marotten – kleine Exzentrizitäten. Es sind teils automatische Gewohnheiten, teils liebgewonnene Eigenheiten, die auf den ersten Blick nichts nützen, aber auch nicht schaden. Macken und Marotten sind ein Teil der Persönlichkeit – manchmal ein skurriler, manchmal sogar ein identitätsstiftender und meist ein harmloser. Und: Bei genauem Hinsehen erkennt man, dass sie eine wichtige Funktion erfüllen. Sie helfen uns, unsere Ängste auszuhalten, das Unüberschaubare überschaubar zu machen und sie geben uns ein Gefühl der Kontrolle, wenn wir uns überfordert oder gar ohnmächtig fühlen. Sie beruhigen und trösten uns, wann immer es nötig ist – ohne dass man um ihre Hilfe bitten muss. Wie gute Freunde sind sie einfach da, wenn man sie braucht. Sie gehören zu uns und begleiten uns oftmals ein ganzes Leben lang. Es ist nicht nur in Ordnung, welche zu haben, es ist sogar gesund, denn Spleens stabilisieren unsere Psyche. Das mag nicht unmittelbar einleuchtend klingen. Deshalb von vorn.

Bin ich noch normal, wenn ich ein Problem mit Messern habe? Das habe ich mich ernsthaft gefragt, als mir meine Messer-Macke auffiel. Weil ich nicht nur Psychologin bin, sondern auch Journalistin, kann ich gar nicht anders, als immer hinter die Fassade blicken zu wollen. In den Jahren 2012 und 2013 habe ich für *Die Welt* darüber berichtet, wie in den USA der Streit um die Bibel der Psychiatrie tobte. Das *Diagnostic and Statistical Manual of Mental Disorders* (*DSM*),[1] seit 1952 von der American Psychiatric Association in den USA herausgegeben, ist ein Standardwerk, mit dessen Hilfe Psychotherapeuten und Ärzte psychische Störungen bestimmen. Es enthält alle Diagnosen psychischer Erkrankungen, auf die sich Experten weltweit einigen können. Das DSM war erstmals seit 1994 überarbeitet worden. Hunderte Experten hatten sich dafür in Gremien zusammengesetzt und über mehrere Jahre um bessere Diagnosen gerungen. Doch am Ende gab es viel Kritik. Krankheitsbilder seien unnötig aufgeweicht worden, man riskiere eine Inflation psychiatrischer Diagnosen und pathologisiere Menschen, die eigentlich ganz normal seien, wetterte etwa Allen Frances, der Herausgeber der früheren Version des Handbuchs. Ob das nun stimmt oder nicht, darüber streiten sich die Experten noch immer. Die Diskussion zeigt vor allem eines: Was normal ist und was nicht, das kann niemand mit absoluter Sicherheit sagen. Nicht einmal jene, die nichts anderes tun, als sich mit dieser Frage zu beschäftigen. Normal ist das, was die meisten für normal halten. Und wie dieses Normale beschaffen ist, fällt je nach Zeitgeist und Kultur sehr unterschiedlich aus. Der Mensch ist kompliziert, und ob, wann und wie sehr etwas für ihn zum Problem wird, ist nicht so einfach festzulegen.

Ich war also ziemlich sensibilisiert für das Thema der Pathologisierung. Unter diesem Eindruck – und mit der Überzeugung, dass ich natürlich normal war und meine Messer-Macke harmlos – erarbeitete ich zusammen mit Beat Balzli, stellvertretender Chefredakteur bei *WELTN24* und für die *Welt am Sonntag* zuständig, eine wöchentliche Kolumne, die ein Jahr lang im Wissenschaftsteil der Sonntagszeitung erschien. In «Bin ich noch normal, wenn …?» beschäftigte ich mich mit Eigenarten von Menschen, die irrational, überflüssig oder besorgniserregend zu sein schienen. In der ersten Kolumne erzählte ich von meiner Messer-Marotte und bat die Leser, mir ihre Spleens zu schicken. Ich wollte sehen, was andere Menschen denken und tun, wenn sie allein sind. Und ich wollte herausfinden, ob es eine Erklärung gibt für all die liebenswerten und lustigen, schrulligen und bizarren Marotten, die Menschen so haben.

Die Leser folgten dem Aufruf. «Bin ich noch normal, wenn …»

hatte einen Nerv getroffen. Ob ihr Spleen ihnen zu denken geben sollte, schien eine Frage zu sein, die viele Leute beschäftigt. Sie waren nicht nur damit einverstanden, dass ich in der Zeitung und im Internet über ihre Macke berichtete, unter den Kolumnenartikeln im Netz steuerten Leser noch Marotten bei oder bedankten sich dafür, dass ich mich diesem Thema gewidmet hatte. Es erleichterte und begeisterte sie zu hören, dass sie nicht allein sind mit ihrem kleinen Tick, sondern dass es andere gibt, die ähnlich schräge Verhaltensweisen an den Tag legen.

Nach einem Jahr Recherche war klar: Spleens, diese sonderbaren Verhaltensweisen, die auf den ersten Blick so irrational und überflüssig wirken, sind alles andere als das. Sie sind in den allermeisten Fällen weder schädlich noch ein Anzeichen von psychischen Erkrankungen. Ganz im Gegenteil: Marotten sind ein wichtiger Teil der Persönlichkeit – und sie erfüllen für denjenigen, der sie sich zugelegt hat, eine wichtige Funktion.

Früher dachte man, für unnütz wirkende Ticks sei die Milz verantwortlich. Daher kommt auch der Begriff «Spleen»: Es ist das englische Wort für dieses Organ. Tatsächlich gibt es ein Organ, das für die Marotten und Macken verantwortlich ist, doch es sitzt viel weiter oben. Es ist das Gehirn, das beim Menschen als eine Art kreative Problemlösemaschine fungiert. Spleens sind ein Ausdruck dafür, wie der menschliche Geist auf die Ungewissheiten und Unwägbarkeiten des Lebens reagiert. Das Leben ist für den Menschen schon immer gefährlich gewesen, schwer berechenbar und kaum steuerbar. Das führt zu Angst, Nervosität, Unsicherheit oder Ohnmacht. Diese Gefühle sind zwar sehr unangenehm, aber überlebenswichtig. Wie mir der Angstforscher Borwin Bandelow von der Universität Göttingen sagte, hätten die Menschen es nicht so weit in der Evolution geschafft, wenn sie nicht solch furchtbare Angsthasen wären. Wer vorsichtig ist, Bedrohungen schnell erkennt und versucht, seine Umgebung so berechenbar und übersichtlich wie möglich zu gestalten, der hatte bereits in der Steinzeit einen großen Vorteil. Und er hat ihn noch heute, in einer nicht minder schwer berechenbaren und unübersichtlichen Welt.

Mit den sinnvollen, aber unangenehmen Gefühlen muss man jedoch noch halbwegs unbeschwert leben können – und dafür sorgen die Ticks und Marotten. Sie bauen Spannung ab und beruhigen. Sie dienen der Kontrolle, Berechenbarkeit und Absicherung. Sie helfen uns, unsere Ängste, Unsicherheiten und Nervositäten in den Griff zu kriegen. Sie geben uns Gelassenheit im Alltag. Der Kopf macht das alles ziemlich selbstständig: Er entwickelt die Marotten und spleenigen Gewohnheiten ganz allein, ohne vorher um Erlaubnis zu fragen. Das geht so schnell und einfach, dass das Bewusstsein häufig überhaupt nichts davon mitbekommt. Diese Arbeitsweise des Gehirns spart Ressourcen und ist sehr effektiv.

Oftmals hat unser Gehirn schon längst eine Lösung für ein Problem gefunden, während das Bewusstsein noch damit beschäftigt ist, das Problem zu begreifen. Und so kommt es, dass man gar nicht bemerkt, welche Eigenarten sich mit der Zeit einschleichen: Der Tick ist plötzlich einfach da. Aber woher er kommt und warum man eigentlich tut, was man da tut, ist den meisten ein großes Rätsel.

Marotten sind also zutiefst menschlich. Wer glaubt, keine zu haben, der hat nur noch nicht richtig nachgesehen. Die einen essen nur eine gerade Anzahl an Gummibärchen, die anderen hängen ihre Wäsche mit farblich abgestimmten Wäscheklammern auf oder nehmen ein Kuscheltier mit ins Bett. Es gibt nichts, was es nicht gibt. Diese kleinen Macken verraten einiges darüber, wie ein Mensch tickt. Denn auch wenn alle Marotten darauf ausgerichtet sind, unangenehme Gefühle zu vermeiden, so sehen die kleinen Macken doch bei jedem ein bisschen anders aus. Sie geben einem Menschen seine Ecken und Kanten und gehören zu seiner Identität, zu dem, was ihn ausmacht – sie sind gewissermaßen sein Markenzeichen.

Bei einer Gruppe von Menschen kann man Spleens besonders gut beobachten. Wer viel allein ist – sei es, weil er gerade keinen Partner hat oder nicht in einer gemeinsamen Wohnung mit ihm lebt –, der ist etwas anfälliger für Marotten und kleine Ticks als andere. Und er lebt sie oft auch stärker aus. Warum das so ist? Der Partner ist in einer Beziehung eine Art emotionaler Anker: Er hilft dabei, die eigenen Gefühle zu regulieren und zu steuern. Er tröstet, beruhigt und unterstützt, wenn es dem anderen nicht gut geht. Dafür zählt allerdings die unmittelbare räumliche Nähe, wie Forscher herausgefunden haben, die sich mit dem Bindungssystem des Menschen beschäftigen. Dieses System zielt darauf ab, in der Nähe enger Bezugspersonen zu bleiben, die Schutz bieten. Zunächst dachte man, dass dies nur für Kinder gilt, die ohne ihre Eltern oder andere enge Bezugspersonen nicht überleben können. Doch inzwischen weiß man, dass das Bindungssystem ein evolutionäres Erbe ist, das von der Geburt bis zum Tod auf die gleiche Weise funktioniert: Bei Nervosität, Stress, Angst oder Unsicherheit suchen wir sofort die Nähe von Menschen, denen wir vertrauen und die uns beruhigen und beschützen können.[2] Wer keinen Partner hat oder zumindest keinen in unmittelbarer Nähe, der muss kompensieren. Bei größeren Sorgen oder konkreten Problemen wendet man sich dann meist an Freunde oder Familienmitglieder. Hat man einen Partner, der weiter weg ist, geht es auch über Telefon, Chat und SMS. Um kleinere und diffusere Unsicherheiten und Ängste im Alltag aber kümmert sich das Gehirn schnell und unmittelbar selbst – es reguliert sie mit Verhaltensweisen, von denen es weiß, dass sie beruhigen und ein Gefühl von Sicherheit vermitteln.

Neben der Kompensation gibt es aber noch zwei weitere Gründe, warum Menschen, die viel allein sind, eher dazu neigen, Spleens zu entwickeln. Erstens: Viele der kleinen Ticks helfen zwar demjenigen, der sie hat, alle anderen aber nerven die Marotten im Zusammenleben manchmal gewaltig. Doch wenn man allein ist und sich niemand daran stört, es also keine sozialen Einschränkungen gibt, dann gibt es auch keinen Grund, seine Marotten zu unterdrücken. Zweitens: Manchen sagt schlichtweg niemand, dass sie eine komische Angewohnheit haben, denn in der Regel machen nur Menschen, die einem nahestehen, auf Spleens aufmerksam. Deshalb fallen vielen Alleinlebenden und Singles ihre Ticks gar nicht auf. Es ist niemand da, vor dem sie ihre Macken verheimlichen müssten, der sich an ihren Macken stören oder sie überhaupt darauf aufmerksam machen könnte.

Mehr Marotten zu haben als andere, muss aber gar kein Problem sein. Dass Menschen mit vielen Spleens häufig nicht nur keine psychischen Probleme haben, sondern sogar von ihren Schrulligkeiten profitieren, hat als Erster der schottische Neuropsychologe David Weeks herausgefunden. In seinem 1995 veröffentlichten Buch *Eccentrics: A Study of Sanity and Strangeness*[3] berichtet er von seiner Studie mit mehr als 1000 Exzentrikern, die er über zehn Jahre lang in England und den USA begleitete und untersuchte. Seine Schlussfolgerung: Menschen mit vielen Spleens geht es bestens. Die von ihm untersuchten Exzentriker waren nicht nur seltener psychisch krank als andere, sie hatten auch ein ausgesprochen gutes Immunsystem und mussten seltener zum Arzt. Wahrscheinlich gab es diese positiven Effekte, so vermutet Weeks, weil es ihnen schlicht egal war, was die anderen über sie dachten. Wem es nicht wichtig ist, konform zu sein, der steht viel weniger unter Druck als andere. Das scheint der Seele gut zu tun. Solange man also mit seinen Marotten niemandem schadet, auch nicht sich selbst, sind Spleens einfach ein Ausdruck persönlicher Freiheit – und ein Segen für das gesellschaftliche Zusammenleben, so Weeks.

Menschen kommen nicht vom Produktionsband. Sie sind empfindsame, intelligente und neugierige Wesen, die sich ständig weiterentwickeln und für Widrigkeiten, auf die sie stoßen, ihre ganz eigenen Lösungen entwickeln. Jeder Mensch findet deshalb seinen persönlichen Weg, mit den Untiefen des Lebens umzugehen. Das macht ihn zu der Persönlichkeit, die er ist. Und dazu gehört auch mindestens ein charmanter, schrulliger oder bizarrer, in jedem Fall aber eigensinniger Spleen. Sie sollten sich also keine Gedanken darüber machen, ob Sie zu viele Macken haben. Eher sollten Sie beunruhigt sein, wenn Sie keine an sich finden können.

Machen Sie sich dennoch Sorgen, dass Ihre Macke seltsam sein könnte, werden ihnen die vielen Beispiele in diesem Buch zeigen: Andere sind sogar noch ein bisschen verrückter als Sie! Für dieses Buch bin ich noch einmal auf die Suche gegangen: Ich habe alle Zuschriften und Kommentare zu «Bin ich noch normal, wenn …?» ausgewertet, habe weitere Marotten im Bekanntenkreis gesammelt, habe mit Experten gesprochen und im Internet recherchiert. Dort gibt es inzwischen Seiten wie myspleen.de, meineticks.de und spleen24.tumblr.com, auf denen jeder seinen Spleen verewigen kann. Einige der Beispiele habe ich in dieses Buch aufgenommen. Solche Plattformen sind wunderbar, weil sie Verbundenheit schaffen und klarmachen, dass jeder ein bisschen verrückt ist und kleine Macken einfach menschlich sind.

Meinem Tick mit den Messern bin ich selbstverständlich auch auf den Grund gegangen. Schlechte Erfahrungen mit Messern habe ich nicht, das schied als Erklärung also aus. Was Freud dazu gesagt hätte, ist ja wohl klar. Aber da seine Symboldeutungen schon etwas überholt sind, ignorierte ich sie. Eine tiefenpsychologisch arbeitende Psychologin, die ich dazu befragte, vermutete: Ich projiziere die Angst, verletzt zu werden, real oder emotional, auf ein unschuldiges Frühstücksmesser. Zur Sicherheit und weil man ja blind auf beiden Augen ist, wenn es um einen selbst geht, fragte ich noch Norbert Kathmann, klinischer Psychologe an der Humboldt-Universität zu Berlin. Und er sagte: Messer seien nun einmal gefährliche Gegenstände, und Gedanken wie meine würden auf potenziell gefährliche Situationen vorbereiten, in die man mit Messern um einen herum durchaus geraten kann. Das sei eine Art Warnfunktion und so wie von mir geschildert nicht bedenklich. Sogenannte intrusive Gedanken habe jeder mal. Manche lasse man wieder ziehen, andere halte man dagegen fest.

Solche Gedanken sind also reine Vorsichtsmaßnahmen. Während ich noch beim harmlosen Gurkenschneiden bin, ist mein Gehirn schon drei Schritte weiter und lotet aus, ob möglicherweise Gefahr im Verzug ist. Bei anderen Menschen sind es andere Dinge, die dazu führen, dass sie es mit der Sorge um die eigene Sicherheit ein wenig übertreiben. Viele schauen zum Beispiel manchmal zu Hause hinter der Tür oder unter dem Bett nach, ob sich dort jemand versteckt. Nur um ganz sicher zu sein. Andere wechseln die Straßenseite, wenn sie an einer Baustelle vorbeikommen, weil sie befürchten, Geräte könnten auf sie herunterfallen, der Kran oder ein Gerüst könnten einstürzen. Ich kenne jemanden, der die Luft anhält, wenn er durch einen Schwarm von Kindern geht, um sich keine Krankheiten einzufangen. Andere stellen sich auf dem Bahnhof immer nur in die zweite Reihe, weil sie Angst haben, der Zug könnte sie beim Einfahren erwischen. Einige Frauen binden beim Autofahren ihre Haare zusammen, damit sich diese bei einem Unfall nicht im Inneren des Fahrzeugs verfangen und sie leichter aus dem Wagen kommen. Und auf meineticks.de berichtet jemand, dass er sich vor dem Duschen immer in die hinterste Ecke der Duschkabine verzieht und kurz das Wasser über seine Hand fließen lässt, bevor er sich darunterstellen kann. Nicht um zu sehen, wie warm das Wasser schon ist, sondern um zu sehen, ob «alles in Ordnung» ist. «Ich habe panische Angst, dass in meine Wasserleitungen Salzsäure oder Ähnliches zugemischt wurde», gesteht er. Ohne das Wasser vorher zu testen, könne er nicht duschen.[4]

Die Liste der Vorsichtsmaßnahmen ist lang und manchmal lustig, meinen Messertick eingeschlossen. Kein Grund aber, sich dafür zu schämen oder zu glauben, das seien alles unsinnige oder gar bedenkliche Hirngespinste. Es sind kleine, aber feine Rituale, die den Alltag – ganz subjektiv – überschaubarer, berechenbarer und damit kontrollierbarer erscheinen lassen. Die Welt ist dadurch nicht mehr oder weniger gefährlich, als sie es sonst auch ist. Aber sie fühlt sich ein klein wenig sicherer an.

Schlafengehen und Aufstehen

Bei den Spleens und Marotten, die rund um das Schlafengehen und Aufstehen zu finden sind, handelt es sich meist um feste Rituale oder Routinen. Das sind Verhaltensweisen, die immer gleich ablaufen – und bei denen es den Menschen auch sehr wichtig ist, dass sie immer genauso ablaufen. Abends, wenn man schon müde ist, und morgens, wenn man noch nicht wieder ganz wach ist, kann es sehr sinnvoll sein, alles nach einem ganz bestimmten und immer gleichen Muster ablaufen zu lassen.

Zum einen sind Routinen äußerst effizient. Oft werden sie über die Zeit so verfeinert, dass sie einen sehr genauen und klar benennbaren Zweck erfüllen für denjenigen, der sie ausführt. Wenn das Gehirn nicht mehr oder noch nicht auf Hochtouren läuft, nehmen Rituale und Routinen viel Denkarbeit ab, weil man sich nicht für jede Kleinigkeit bewusst entscheiden muss. Der Hirnforscher Ernst Pöppel bezeichnet sie deshalb auch als das Leben erleichternde Automatismen, weil man sie anwenden kann, ohne auch nur im Geringsten darüber nachdenken zu müssen.

Zum anderen geben Rituale und Routinen Halt, Sicherheit und Orientierung. Das gilt für jedes Ritual, mag es so groß sein wie das an Heiligabend oder so klein wie das, dass man immer mit dem rechten Fuß zuerst aufsteht. Das Gefühl von Sicherheit ist, wie wir gleich sehen werden, abends etwas wichtiger als morgens. Die Effizienz hingegen ist bei den Ritualen am Morgen die treibende Kraft.

Studien haben gezeigt, dass Menschen unter Zeitdruck eher auf Routinen zurückgreifen – einfach weil sie wissen, dass sie in der Vergangenheit damit Erfolg hatten. Man vergisst nichts, spart Zeit und hält sich den Kopf frei für die wirklich wichtigen Dinge.

Routinen haben aber noch einen weiteren wunderbaren Effekt, der noch nicht lange bekannt ist: Die US-amerikanische Sozialpsychologin Kathleen Vohs hat in Experimenten zeigen können, dass sie dabei helfen, den Alltag als intensiver und wertvoller zu erleben.[5] Die Forscherin gab Hunderten von Probanden verschiedene Nahrungsmittel: Einige bekamen Möhren, andere Schokolade, wieder anderen gab sie Limonade. Bevor die Versuchspersonen davon probierten, sollten sie vor jedem Bissen oder Schluck ein kleines Ritual durchführen, dass Vohs ihnen vorgegeben hatte. Die Schokoladen-Gruppe zum Beispiel sollte den Schokoriegel zunächst in zwei Teile brechen, dann die eine der beiden Hälften auspacken und essen. Erst wenn sie damit fertig war, durfte auch die andere Hälfte ausgepackt und gegessen werden.

Dieses kleine Ritual veränderte bereits die Wahrnehmung der Studienteilnehmer. Sie aßen langsamer, genossen die Schokolade mehr, gaben an, sie leckerer zu finden, und waren sogar bereit, in Zukunft mehr für diese Schokolade zu bezahlen als für andere Sorten. Kathleen Vohs glaubt, dass der wahrgenommene Wert der Schokolade stieg, weil das Ritual – wie ein Bilderrahmen für ein besonders schönes Bild – einen Rahmen um die Handlung setzte, der das Schokolade-Essen so besonders erscheinen ließ. Das funktionierte übrigens genauso gut mit der Limo-Gruppe und sogar bei den Versuchspersonen, die nur die Karotten abbekommen hatten.

Rituale sparen also Zeit und sind effektiv, sie geben Halt und Sicherheit, zudem lassen sie alltägliche Momente besonders und wertvoll erscheinen. Jeder braucht solche kleinen Routinen, und jeder schafft sie sich. Doch jene, die viel alleine sind, haben eine größere Freiheit dabei, ihre Rituale genau so zu gestalten, wie sie sie selbst haben möchten – und sie beliebig häufig zu wiederholen, ohne dass jemand Fragen stellt oder ihnen hineinredet.

1 Wie man sich bettet

Schlafen ist etwas Wunderbares – wenn man es kann. Denn wer müde ist, legt sich nicht einfach hin, macht die Augen zu und schläft. Jeder, der Kinder hat oder sich an die Zeit erinnert, als er selbst klein war, weiß das. Das Schlafengehen kann eine ziemlich komplizierte Angelegenheit sein. Für die Vorfahren des modernen Menschen war es etwas sehr Gefährliches, die Augen zu schließen. Wer sich damals in der Höhle verkroch, um ein Nickerchen zu halten, machte sich angreifbar und verletzlich. Schlimmstenfalls bezahlte man dafür mit seinem Leben. Schließlich gab es wilde Tiere und rivalisierende Höhlenmenschen, die die Behausung samt essbarem Inhalt ebenfalls sehr attraktiv fanden und die Nacht und ihre Dunkelheit für ihre Zwecke auszunutzen wussten. 28 Mal wacht dem Schlafforscher Jürgen Zulley zufolge deshalb noch heute jeder Mensch in einer durchschnittlichen Nacht auf, ganz kurz nur und meist, ohne sich morgens überhaupt daran zu erinnern. Das entspricht bei einem Schlaf von sieben bis acht Stunden pro Nacht vier kurzen Aufwachphasen pro Stunde. In diesen 28 Momenten prüft man blitzschnell, ob die Welt um einen herum noch in Ordnung ist – ob es wirklich sicher ist, die Augen wieder zu schließen. Menschen schlafen also in einer Art Sicherheitsmodus.

Für den Moment des Einschlafens aber gibt es einen solchen «vorinstallierten» Modus nicht, und das macht das Ganze so schwierig. Wenn es draußen dunkel und ruhig wird, kommen wie bei unseren Urahnen die Ängste und Sorgen hoch. Sie drehen sich zwar mittlerweile weniger um wilde Tiere oder rivalisierende Höhlenmenschen als um den Einbrecher, der sich nachts ins Haus schleichen könnte, aber Ängste sind nach wie vor da. Je leiser es nachts wird, desto lauter scheinen einem alle Geräusche. Und auch im Kopf scheint es lauter zu werden. Sorgen, Probleme und Ängste erscheinen dann oftmals größer, als sie es – bei Tageslicht betrachtet – tatsächlich sind. Viele, die nachts nicht schlafen können, leiden darunter, ihre Sorgen und Ängste nicht ausschalten zu können. Dabei braucht der Körper zum Schlafen doch gerade das Gefühl von Sicherheit und Geborgenheit.

Dass Einschlafrituale Kindern genau diese Gefühle geben und ihnen so in den Schlaf helfen, wissen die meisten. Aber auch wenn Erwachsene sich abends keine Geschichten mehr vorlesen lassen oder die Melodie der Spieluhr mitsummen: Einschlafrituale haben auch sie. Oft sogar sehr viel eigenwilligere als Kinder. Besonders schöne Einschlafspleens findet man bei denen, die nachts allein im Bett liegen (müssen). Denn sie haben es noch etwas schwerer mit dem Einschlafen. Menschen sind schließlich Rudeltiere: Schon das Wissen, nicht allein zu sein, gibt Sicherheit. Deshalb rennen Kinder nachts ins Schlafzimmer der Eltern und kuscheln sich an sie und die Eltern wiederum kuscheln sich aneinander. Die Nähe vertrauter Menschen beruhigt, ohne dass man weiter etwas dafür tun muss. Ist aber niemand außer einem selbst da, dann ist man ganz allein dafür verantwortlich, ein Gefühl von Sicherheit ins Schlafzimmer zu zaubern.

Bei Matthias G. ist das zum Beispiel so: Der Steuerberater aus Berlin lebt allein, tagsüber ist er viel unterwegs, ein geborener Smalltalker mit einem großen sozialen Netzwerk. Morgens, wenn er aufsteht und sich auf den Tag vorbereit, stört ihn die Stille der Wohnung überhaupt nicht – ganz im Gegenteil. Abends jedoch, wenn es dunkel wird und er zur Ruhe kommt, da würde er sich schon wünschen, dass da noch jemand wäre. Leider ist das momentan aber nicht so.

Deswegen wird Matthias nachts wieder ein bisschen zum Kind, wenn er sich hinlegt. Egal wo er ist, zu Hause, aber auch im Hotel oder wenn er bei Freunden übernachtet: Seine Bettdecke liegt immer verkehrt herum, mit den Knöpfen nach oben. Matthias mag es, wenn er beim Einschlafen mit ihnen herumspielen kann. Das entspannt ihn. «Ich wusste als Kind nicht, dass die Bettdecke eigentlich anders herum liegen soll», sagt er ein bisschen entschuldigend. Offenbar lag sie damals häufig «falsch» herum, und im Laufe der Jahre hat sich Matthias so sehr daran gewöhnt, dass aus dem Spielen mit den Knöpfen ein festes Einschlafritual geworden ist. Er ist glücklich damit, und es stört ja schließlich niemanden. Und wenn er eine Freundin hätte? Naja, dann würde er sich wohl dazu überreden lassen, die Decke ab und an auch mal umzudrehen, sagt er. Aber solange keine Frau in Sicht ist, liegt die Decke eben genau so, wie Matthias es mag.

Eine andere Hilfe, zu der viele greifen, wenn sie alleine schlafen, ist es, den Fernseher eingeschaltet zu lassen. Das leise Geplapper und Getöne im Hintergrund beruhigt sie und bringt sie so sicher in und durch den Schlaf. Ähnlich funktioniert das bei der 37-jährigen Janet, die Single ist und auf der Webseite des Magazins *NEON* erzählt, dass sie zum Einschlafen gerne *Die drei Fragezeichen* hört.[6] Das mag etwa ausgefallener sein als die Fernseh-Marotte, die Funktion dahinter ist aber die gleiche: Beide Spleens simulieren die Anwesenheit anderer Menschen. Natürlich weiß man, dass man nach wie vor allein ist, auch wenn im Hintergrund aufgezeichnete Stimmen zu hören sind. Trotzdem hilft es enorm. Ähnlich wie bei Matthias G. ruft das Hörspiel vermutlich aber auch Gefühle der Geborgenheit aus der Kindheit hervor und hilft Janet so in den Schlaf.

Nicht immer sind die Einschlafmarotten so auffällig. Eine Kollegin, die ebenfalls alleine lebt, kann zum Beispiel nicht einschlafen, ohne nachts ein Glas Wasser neben sich stehen zu haben, obwohl sie meist gar nicht daraus trinkt. Ein Bekannter muss vor dem Schlafengehen erst noch das Waschbecken sauber machen, es so lange putzen, bis es blitzt. Selbst dann, wenn er woanders übernachtet. Die eine oder andere Marotte bemerken andere vielleicht gar nicht – und auch die Betroffenen selbst nicht, weil die kleinen Spleens längst zur Routine geworden sind. Dann stößt man erst auf sie, wenn sie einem verwehrt bleiben.

Im Urlaub zum Beispiel. Da kann man ja einiges vermissen, das deutsche Brot etwa oder das Bier, die meisten aber sehnen sich in den angeblich schönsten Wochen des Jahres nur nach ihrem Bett, wie die Stiftung für Zukunftsfragen herausfand.[7] Die Stiftung befragte mehr als 4000 Bundesbürger ab 14 Jahren in persönlichen Interviews. 46 Prozent der Befragten gaben an, am allermeisten ihr eigenes Bett zu vermissen. Danach folgte mit 18 Prozent auf Platz zwei das gemütliche Zuhause sowie auf Platz drei das Haustier mit 16 Prozent. Das Heimweh nach Freunden oder der Familie war dagegen mit 13 und 11 Prozent nicht so groß. Und auch typische deutsche Nahrungsmittel wie Schwarzbrot (12 Prozent) oder heimisches Bier (7 Prozent) wurden nicht im Ansatz so sehr vermisst wie das eigene Bett.

Am besten schläft es sich also zu Hause. Das liegt aber weniger am Bett selbst, sondern eher an den Gewohnheiten, die um das Schlafengehen herum entstanden sind. Diese Rituale wegzulassen oder sie verändern zu müssen, fällt den meisten Menschen enorm schwer. Manche kommen nicht zur Ruhe, wenn das Fenster nachts zu ist oder die Kissen sich nicht so anfühlen, wie sie es gewohnt sind. Andere können nicht mit dem Rücken zur Tür schlafen, weil sie das nervös macht. «Ich denke dann immer, wenn irgendeiner mich abstechen will, hat er leichtes Spiel und ich kriege nichts mit.»[8] Das klingt erst mal komisch, denkt man aber an die Höhlenmenschen zurück, ist die Angst, im Schlaf zum Opfer zu werden, durchaus verständlich. Tatsächlich stellen die meisten Menschen ihr Bett im Schlafzimmer ganz instinktiv so auf, dass sie nicht sofort gesehen werden, wenn sich die Tür öffnet.

Die Psychologen Matthias Spörrle und Jennifer Stich von der Technischen Universität München fanden das in einer Untersuchung heraus, der ersten, die sich damit beschäftigte, wie Menschen sich gern betten, wenn sie die Wahl haben.[9] Sie ließen 138 Versuchspersonen ein virtuelles Schlafzimmer am Computer mit Möbeln einrichten, ganz so, wie die Probanden es gern wollten. Zwei Drittel von ihnen stellten ihr Bett an den Platz im Zimmer, der so weit wie möglich von der Tür entfernt war, trotzdem aber den Blick auf sie ermöglichte. Ließ es der Schnitt des Zimmers zu, dann öffnete sich die Tür idealerweise aber zur bettfernen Seite des Zimmers hin. So lässt sich nämlich jeder Eindringling sofort orten, während man selbst zunächst noch versteckt bleibt. Das ermögliche eine maximale Reaktionszeit, schreiben Spörrle und Stich. Auch wenn das nur eine Sekunde sein mag, es fühlt sich besser an. Wie man sich bettet, so schläft man also. Ein Gefühl von Sicherheit und Geborgenheit ist ganz wichtig dafür. Jeder findet seinen eigenen Weg, es für sich herzustellen. Und wer keinen Partner hat, der wird dabei vielleicht noch ein kleines bisschen kreativer als andere.

2 Mein bester Freund, Teddy

Eine gute Einschlafhilfe für kleine und manchmal auch für große Menschen sind die eigens dafür kreierten Wesen. Als Sarah T. klein war, kaum älter als zwei Jahre, da schleppte sie ihn überall mit hin. Er war klein, er war handlich, aber noch viel wichtiger: Er war da, wenn sie sich alleine fühlte. Er war ein guter Zuhörer, verschwiegen und verständnisvoll. Er verriet nie ein Geheimnis und man konnte so wunderbar mit ihm kuscheln: ihr Teddy. Das alles fiel Sarah vor einiger Zeit wieder ein, als die heute 29-Jährige sich nach langer Zeit einmal wieder so richtig einsam fühlte. Ihre Beziehung war gerade in die Brüche gegangen, und Sarah war todunglücklich. Obwohl sie inzwischen erwachsen war und Freunde aus Fleisch und Blut hatte, die sie hätten trösten können, kramte Sarah ihren alten Teddy aus der Kiste heraus, in der er mehr als ein Jahrzehnt gelegen hatte. Seitdem ist sein Platz wieder jede Nacht bei ihr im Bett. Ihr alter, vertrauter Teddy gibt Sarah Halt und Trost.

Besonders Singles haben oft eine sehr enge Bindung zu ihren Kuscheltieren, sagte der Fotograf Ralf Weiss in einem Interview mit der *Süddeutschen Zeitung*. So eng, dass man eigentlich von Liebe sprechen könnte. Klar, der Teddy kann Sarah nicht ihren Partner ersetzen, dessen Verlust sie gerade bewältigen muss. Aber er hat ihr schon früher dabei geholfen, es erträglicher zu machen, wenn Sarah als Kind alleine im Bett lag. Warum das mit kuscheligen Dingen besonders gut funktioniert, woher deren beruhigende Funktion kommt, das hat der US-amerikanische Verhaltensforscher Harry Harlow schon 1957 in Experimenten mit Rhesusaffen zeigen können.[10] Der Psychologe erforschte die emotionale Bindung zwischen Affenkindern und ihren Müttern. Dazu trennte er die Äffchen von den erwachsenen Tieren und setzte sie stattdessen in einen Käfig, in dem zwei Attrappen zur Auswahl standen: Eine «Ersatzmutter» war aus Draht nachgebildet, spendete aber lebensnotwendige Milch, eine zweite Ersatzmutter war mit weichem Stoff bespannt, gab aber keine Milch. Harlow beobachtete, dass die Affenkinder sich zwar die Milch bei Ersatzmutter Nummer eins holten, sich ansonsten aber die ganze Zeit an den kuscheligen Ersatz klammerten. Kuscheliges erinnert also unmittelbar an den Körperkontakt mit den Eltern, bei denen man sich am Anfang seines Lebens so sicher und geborgen fühlte.

Der Fotograf Ralf Weiss hat für sein Projekt «Zotty, Paloma und das rosarote Schweinchen» mehr als 50 Erwachsene zusammen mit ihren Kuscheltieren aus Kindertagen abgelichtet und sich die Geschichten dazu erzählen lassen. Da gab es den Regisseur, bereits im Rentenalter, der mit seinem kleinen Plüschnashorn noch vor der Kamera ein leises Gespräch führte, eine Frau, die ihren zerschlissenen Bären in einer Puppenklinik in Zürich wieder aufpäppeln ließ. Koalabären finden sich in der Sammlung, schwarze Riesenkatzen und kleine graue Mäuschen, eine Eule – und natürlich das rosarote Schweinchen.

Wie groß die Rolle ist, die das wichtigste Kuscheltier oft ein Leben lang spielt, sieht man auch an Einträgen im Netz, wo über die Liebe zum Plüschtier sehr offen geschrieben wird. So berichtet zum Beispiel ein 23 Jahre alter Geschichtsstudent, dass er in der Grundschule einen Clown häkeln musste, der nach all den Jahren noch immer existiere. Manchmal hole er ihn hervor und unterhalte sich mit ihm über die Politik eines fiktiven Staates, wo der Clown einmal Innenminister war und es wieder werden wolle. Verrückt findet der Student das ganz und gar nicht. Schließlich habe doch jeder irgendeine Macke.[11] Ein anderer schwärmt von seinem Plüschelefanten, der ihn durch harte Zeiten begleitet habe, «ein wahrhaft treuer Begleiter, der obendrein nicht auch noch alles besser weiß und schlaue Ratschläge für sich behält». Jemand anderes erzählt von dem Bärchen, das er von seinem Opa zur Geburt geschenkt bekommen hat – und das bis heute immer noch auf dem Sofa sitzt. «Der kleine Bär ist schon reichlich zerliebt, aber wir haben letztes Jahr gemeinsam unseren 50. gefeiert. Beide in nagelneuen Klamotten.»[12]

Auch bei Sarah wird der Teddy wohl noch eine Weile mit im Bett liegen. In die Kiste komme er jedenfalls nicht zurück, soviel sei klar. Dass er ihr nach all den Jahren gerade in der Phase der Trennung von ihrem Freund in den Sinn kam, ist kein Wunder. Psychologen nennen ein Kuscheltier mit einer solchen Sonderstellung auch ein «Übergangsobjekt». Die sichere emotionale Bindung zu ihm hilft

Kindern bei ihrem ersten Abgrenzungs- und Ablöseprozess von den Eltern. Es macht es ihnen leichter, Trennungsängste zu bewältigen und sich selbst Geborgenheit zu verschaffen. Sarahs Teddy hat damals, als sie noch sehr klein war, offensichtlich ganze Arbeit geleistet – auch wenn sie sich vielleicht nicht einmal daran erinnern kann. In der schwierigen Trennungssituation erinnerte sie sich sofort an ihn als ihren emotionalen Anker. Manche Psychologen würden Sarahs Verhalten als sogenannte Regression einstufen, ein Phänomen, bei dem sich Menschen plötzlich auf eine frühere Entwicklungsstufe zurückziehen, was oft in Krisensituationen passiert. Der Rückzug auf altbewährte Verhaltensweisen ist dann eine Schutzhandlung. Eine primitive, aber ziemlich effektive Reaktion, die bei der Angstbewältigung hilft und das psychische Gleichgewicht wiederherstellt. Wie alle psychischen Abwehrmechanismen läuft dieser Prozess überwiegend unbewusst ab.

Stabil ist Sarah dank Teddys Hilfe längst wieder. Vor Kurzem hat sich die Studentin sogar neu verliebt. Ist der neue Freund bei Sarah, muss ihr Teddy nun allerdings die Nacht auf dem Nachttisch verbringen – manche Macken behält man zu Beginn einer Beziehung dann doch lieber für sich.

3 Nicht ohne meine Badewanne

Zum Glück stolpert man von den Aufgaben, Anforderungen und Aufregungen des Alltags in aller Regel nicht direkt ins Bett. Der Feierabend hat im Laufe der Geschichte seinen eigenen Namen bekommen, weil er etwas trennt: die Arbeit von der Freizeit, das Müssen vom Dürfen, die Anspannung von der Entspannung. Der Feierabend ist die Zeit der Muße und des Reflektierens. Das klingt wunderbar vielversprechend nach Freiheit und Wunschverwirklichung. Bei vielen aber sieht der Feierabend so aus: auf der Couch lümmeln, fernsehen, futtern. Manche gehen noch eine Runde laufen, werkeln ein bisschen im Garten oder treffen sich auf ein Bier mit Freunden.

Franziska O. hat dagegen einen recht ungewöhnlichen Feierabend: Seit zehn Jahren, solange wohnt Franziska schon allein, nimmt sie jeden Abend ein ausgedehntes Bad. Es ist so ungefähr das Schönste, was sie sich vorstellen kann. Manchmal, wenn ihre Freunde abends raus wollen, durch die Stadt ziehen, Leute kennenlernen, entscheidet sich Franziska lieber für ihre Wanne. «Ein Leben ohne Badewanne wäre möglich, aber sinnlos», sagt sie. Die Wanne ist Franziskas Wohlfühl- und Entspannungsort. Sie liest dort, schaut Filme, hört Radio.

Angefangen hat das, als sie für ihr Politikstudium aus dem thüringischen Elternhaus aus- und in ihre erste eigene Wohnung eingezogen war. Endlich konnte sie tun und lassen, was sie wollte. Niemand redete ihr rein, niemand ermahnte sie, abzuwaschen oder aufzuräumen, niemand scherte sich darum, was sie wann tat. Herrlich. Aber bald vermisste Franziska in all der Freiheit etwas: ihre Badewanne. Sie fuhr am Wochenende bald wieder nach Thüringen zu ihren Eltern – zum Badeurlaub, wie sie sagt. Ein bisschen verrückt war das schon, findet sie im Rückblick. Vor allem aber umständlich. Deshalb suchte sie sich bald in Berlin eine Badewanne – samt Wohnung. Seitdem ist das abendliche Bad sichergestellt und Franziska glücklich. Nur einmal war es in Gefahr, erzählt sie. Es kam kein warmes Wasser aus der Leitung. Da setzte Franziska einfach einen großen Topf auf den Herd, mehrmals hintereinander, so lange, bis die Wanne voll war. Man muss sich nur zu helfen wissen.

Ähnlich pragmatisch sieht das Alexandra O. Auch sie hat einen speziellen Badefimmel. Sie liegt ebenso regelmäßig in der Wanne wie Franziska, allerdings nicht abends, sondern morgens, jeden Tag. Die 35-Jährige arbeitet als Führungskraft im Finanzbereich. Ihr Tag ist vollgestopft mit Terminen, bis in den späten Abend hinein. Einen Feierabend, den gibt es bei ihr nicht so richtig, zumindest ist er nicht planbar. Sie weiß morgens nie, wann sie abends nach Hause kommen wird. Aber in der Früh, da hat Alexandra etwas Spielraum. Und den nutzt sie effektiv, denn sie ist niemand, der Zeit zu vergeuden hat. Gegen ihre Schilddrüsenunterfunktion nimmt Alexandra nach dem Aufstehen eine Tablette, danach muss sie 20 Minuten warten, bis sie frühstücken darf. Da kommt die Badewanne genau recht. Sie verbindet das Angenehme mit dem Nützlichen.

Bei Alexandra ist die Badewanne zwar ebenfalls ein Ort des Rückzugs, aber die Businessfrau nutzt die Wanne nicht nur zum Entspannen, sondern auch zum Denken. Sie plant dort ihren Tag. Oft fallen ihr Dinge ein, die noch auf ihre To-do-Liste gehören, oder Lösungen für kompliziertere Probleme aus dem Büro. Wie Franziska lebt Alexandra allein, niemand macht ihr am Morgen das Bad streitig. Nur manchmal muss sie sich von Freunden, Kollegen oder Verwandten anhören: Was, Du badest jeden Morgen? Woher nimmst Du bloß die Zeit? Du hast bestimmt keine Kinder! Da haben sie natürlich recht, sagt Alexandra. Dabei wäre das schon etwas Schönes, ein Mann und Kinder, Familie. Daran hat sie ebenfalls schon gedacht. Aber bis der Richtige an ihre Badezimmertür klopft, bleibt Alexandra weiter in der Wanne liegen und lässt ihren Tag so beginnen – und macht den Morgen kurzerhand zu ihrem persönlichen Feierabend.

Was die beiden, Franziska und Alexandra, nicht wissen: Verhaltensforscher haben untersucht, warum manche Menschen so gerne baden, und andere wiederum gar nichts mit der Wanne in ihrem Badezimmer anzufangen wissen. Der Psychologe John Bargh von der Yale University veröffentlichte 2012 eine Studie, in der er das Phänomen der Vielbader erklärte.[13] Er konnte in dieser Untersuchung in einem ersten Experiment zunächst zeigen, dass jene, die oft in die Wanne oder in die Dusche steigen, sich häufiger als andere einsam fühlen. Warum das warme Wasser dagegen hilft? Das Gehirn verarbeitet das Konzept «Wärme» unabhängig davon, ob es sich um physische Wärme, etwa das warme Badewasser, oder psychische, also emotionale Wärme handelt. Das liegt daran, dass Informationen über physische Wärme und Kälte in der gleichen Region der Großhirnrinde verarbeitet werden wie jene, in denen es um emotionale Wärme und Vertrauen geht: der Inselrinde.

Daher hilft ein warmes Bad auch gegen Gefühle von Einsamkeit. Umgekehrt lässt Kälte Menschen sich automatisch ein bisschen einsamer fühlen, wie Bargh in einem zweiten Experiment zeigte.

«Embodied cognition» nennen Experten das Phänomen, dass physikalische Empfindungen mit psychologischen Konzepten so eng zusammenhängen wie in diesem Fall. Es ist faszinierend, dass ein Bad dabei helfen kann, nicht nur sauber zu werden, sondern sich auch psychisch besser zu fühlen, oder, wie Bargh in einer anderen Studie zeigte, seine Mitmenschen freundlicher zu bewerten.[14] Für diese ließ er Versuchspersonen fremde Menschen beurteilen, und hatte ihnen als nette Geste zuvor einen Kaffee überreicht. Der aber war nur bei der einen Hälfte der Probanden heiß, die anderen bekamen einen Eiskaffee. Wer ein heißes Getränk bekommen hatte, bewertete einen fremden Menschen im Schnitt als «wärmer», gab also zum Beispiel an, dass derjenige sicher ein liebevoller und großzügiger Mensch sei. Die Bewertungen derjenigen, die den Eiskaffee bekommen hatten, fielen nicht ganz so nett aus. Emotionale Wärme oder Kälte geht also in der Regel mit einem Empfinden von physischer Wärme oder Kälte Hand in Hand – ohne dass man sich dessen bewusst ist. Physische und emotionale Wärme, sagt Bargh, sind im Alltag also bis zu einem gewissen Grad austauschbar. Unbewusst würden wir diesen Effekt oft zu unserem Vorteil nutzen, auch wenn wir nicht erklären könnten, warum wir tun, was wir tun. So wie Franziska und Alexandra. Die beiden haben mit ihrem kleinen Badefimmel wahrscheinlich ein einfaches, aber sehr wirkungsvolles Mittel gefunden, Anflüge von Einsamkeit zu vertreiben – und ihr seelisches Gleichgewicht wiederzufinden, sollte es mal aus der Balance geraten sein.

4 Der Kampf mit dem Wecker

Wenn wir schon bei Marotten am Morgen sind: Alexandra ist natürlich nicht die Einzige, bei der das Aufstehen nach einem ganz bestimmten Muster abläuft. Denn nicht nur das Einschlafen ist schwer. Das Aufstehen ist eine mindestens genauso große Herausforderung. Daher haben die Menschen den Wecker erfunden. Ein Ding, das Lärm macht, damit man aufwacht. Eine geniale Idee. Nur klappt es leider nicht bei allen so richtig, mit dem Wecker und dem Aufstehen. Jedenfalls ist mir nur eine kleine, erlesene Auswahl von Menschen bekannt, die nach dem ersten Weckerklingeln aus dem Bett springen – wie diese lustigen Charaktere in Comics – und gut gelaunt den Tag beginnen. Die meisten anderen sind einfach noch müde, wenn ihr Wecker in der Früh klingelt.

Also hat der Mensch sich noch etwas einfallen lassen: den Snooze-Button. Diese kleine Schlummertaste kann man immer und immer wieder drücken. Sie hilft dabei, langsam, in Etappen aufzuwachen, und sich Stück für Stück aus dem kuscheligen Bett herauszuarbeiten. Und weil beide zusammen, Wecker und Snooze-Button, eine so wichtige Rolle im Leben der meisten Menschen spielen, haben sich viele wunderbare Marotten entwickelt, die mit ihnen zu tun haben. Auch hier sind Singles etwas anfälliger als andere. Schließlich kann man, wenn man alleine lebt, seinen Wecker genau so stellen, wie man überzeugt ist, am besten aufzuwachen, und niemand neben einem liegt, der davon genervt sein könnte, wenn man sich erst nach dem zehnten Klingeln dazu durchringt, das Bett zu verlassen.

Mit den Spleens fängt es schon beim Stellen des Weckers, also bei der Wahl der Uhrzeit, an. Sophie W. etwa mag die Zahl elf, weil sie glaubt, das sei ihre persönliche Glückszahl – und nicht zuletzt hat sie auch an einem elften Geburtstag. Seit vielen Jahren stellt sie deshalb ihren Wecker routinemäßig so, dass die einzelnen Zahlen zusammen addiert elf ergeben: 07:31, 08:03, 09:02. Vielen erscheint das etwas gewöhnungsbedürftig, inklusive mir selbst. Mein Wecker jedenfalls würde solch zusammengewürfelte Zahlen niemals zeigen. Bei mir klingelt es pünktlich um 06:16 und dann noch einmal zehn Minuten später um 06:26. Muss ich erst später ins Büro, zeigt der Wecker eben 07:17 und klingelt noch einmal um 07:27. Die Stunden und Minuten enden also immer auf der gleichen Zahl, schön harmonisch.

Zahlreiche Beispiele zeigen, wie kreativ Menschen das Zusammenspiel von Wecker und dem Wachwerden organisieren. Einige probieren es damit, den Wecker so früh zu stellen, dass auch nach mehrmaligem Snoozen noch nicht alle Hoffnung verloren ist, pünktlich dort anzukommen, wo man hinmuss. «Ich stelle meinen Wecker grundsätzlich mindestens 20 Minuten eher, als ich eigentlich aufstehen müsste. Obwohl ich genau weiß, dass ich sowieso wieder auf ‹Snooze› drücke.»[15] Dabei erscheinen 20 Minuten noch vergleichsweise harmlos: Jemand anderes stellt den Wecker schon auf fünf Uhr, obwohl er eigentlich erst um sechs aufstehen muss. Bis dahin wird fleißig die Schlummertaste gedrückt, alle zehn Minuten einmal. Um sechs Uhr klingeln dann aber gleich vier Wecker auf einmal, damit es auch wirklich klappt mit dem Aufstehen. Und ein Dritter quält sich jeden Morgen gleich mit fünf Weckern: «ein piepender, ein Radiowecker, auf dem Schlager läuft, ein Handywecker, ein Telefon und ein Retrowecker mit so einem kleinen Hammer, der dauernd gegen zwei Glocken schlägt».

Das klingt schon ziemlich nach Tortur. Doch das Bizarre ist: Die meisten sind trotzdem große Fans der Schlummertaste. Ihnen scheint das ständige Aus-dem-Schlaf-gerissen-Werden und Wieder-auf-die-Taste-Hauen gar nicht so viel auszumachen. Im Gegenteil: Manche mögen es sogar und stellen sich den Wecker mitten in der Nacht, wie ein ehemaliger Praktikant im Büro, Martin. Er lässt sich gern ab und an nachts um drei Uhr wecken, einfach so. Es sei einfach zu schön, den Wecker auszustellen und zu wissen: Ich habe noch vier Stunden, sagt er. Wohlgemerkt: Für die richtige Weckzeit am Morgen muss er dann natürlich noch mal extra einen zweiten Alarm einstellen. Hätte Martin eine Freundin, wäre sie wohl schon längst aus dem Schlafzimmer ausgezogen.

Vermutlich geht es beim exzessiven Gebrauch der Schlummertaste aber noch um etwas anderes als nur darum, aus dem Bett zu kommen. Denn der Snooze-Button ermöglicht es, das zu behalten, was dem Menschen so wichtig ist wie kaum etwas anderes: die Kontrolle. Soll der Wecker doch klingeln und versuchen, mich zum Aufstehen zu zwingen – wann ich aufstehe, das bestimme immer noch ich!

Wer ebenfalls ständig auf den Snooze-Button drückt, das aber gar nicht so toll findet, der kann sich ja mal unter den Weck-Apps umsehen, die es inzwischen auf dem Markt gibt. Manche sollen die Schlafphasen in der Nacht messen und in einem besonders günstigen Moment, wenn der Schlaf ohnehin nur noch leicht ist, Alarm schlagen. Wissenschaftler zweifeln allerdings daran, ob das wirklich funktioniert und besser in den Tag befördert als die Schlummertaste. Man kann natürlich auch mit der eigenen Verlustangst spielen – Psychologen wissen, dass Verlustangst einer der stärksten Motivatoren überhaupt ist – und zum Beispiel die App #dreamon ausprobieren. Mit jedem Druck auf den Snooze-Button spendet man hier zehn Cent an die UNO-Flüchtlingshilfe. Zehnmal snoozen macht also einen Euro. Von einer anderen Idee, die ebenfalls mithilfe einer App funktioniert, berichtete mir ein Leser meiner Kolumne: «Der Handywecker geht nur aus, wenn ich mit dem Handy einen bestimmten Strichcode abfotografiere, den ich an meinen Badezimmerspiegel geklebt habe», steht dort. «Und als extra Motivation habe ich neben diesen Strichcode noch eine Nachricht für mich geschrieben, die mich warnt, wieder ins Bett zu gehen: Ich würde es nämlich bereuen ...»

5 Morgenroutinen

Hat man es dann geschafft, die Augen dauerhaft offen zu halten, heißt das noch lange nicht, dass man auch richtig wach ist. Das braucht seine Zeit – bei dem einen mehr, bei dem anderen weniger. Gerade am Morgen, wenn unter der Woche alles recht schnell gehen muss, verlassen sich Menschen gern auf Routinen, auf immer gleiche Abläufe. Die Morgenroutinen mögen Menschen jedoch aus etwas anderen Gründen als jene, aus denen sie sich abends auf ritualisierte Abläufe verlassen. Routinen nehmen einem am Morgen eine ganze Menge Denkarbeit ab. Wer mit immer gleichen Abläufen in den Tag startet, kann Kopf und Körper ganz langsam hochfahren, weil er sich nicht jeden Schritt bewusst überlegen muss. Das spart Energie und die in der Früh noch etwas beschränkten geistigen Kapazitäten werden nicht unnötig gefordert. Routinen machen uns morgens also handlungsfähiger, als wir es normalerweise wären. Solche Routinen entwickeln sich meist mit der Zeit und werden so lange leicht abgeändert, bis sie genau zu demjenigen passen, dem sie dienen sollen. Manchmal nehmen diese Marotten dann etwas seltsame Formen an oder wirken, von außen betrachtet, irgendwie schräg oder unnütz. Sind sie aber natürlich nicht.

Ein Bekannter aus meiner Schulzeit etwa trug immer zwei verschiedene Socken. Seine Sockenkiste war in der Teenie-Zeit nicht sonderlich aufgeräumt: Selten waren die richtigen Sockenpaare gleichzeitig sauber oder lagen zusammen in der richtigen Schublade. So sei es anfangs reiner Pragmatismus gewesen, dass er unterschiedliche Socken anhatte, das ging morgens schnell und er musste sich nicht mit dem Suchen herumärgern. Mit der Zeit aber fühlte es sich für ihn «richtig» an, zwei verschiedene Socken zu tragen. Das war bei ihm gar nicht mit einem Aberglauben verknüpft, es war pure Gewohnheit, die ihm dabei half, sich wohlzufühlen. Wenn er zwei verschiedene Socken trug, dann war alles wie immer, alles normal, alles gut. Andere legen sich die Unterwäsche für den nächsten Morgen immer am Abend vorher auf die Heizung, damit sie schön warm ist, oder stapeln ihre Sachen, die sie am nächsten Tag anziehen wollen, in der Reihenfolge des Anziehens auf dem Stuhl: ganz oben die Unterwäsche, dann T-Shirt, Socken, Hose und unten der Pullover. Ganz pragmatisch.

Jörg R. hat beim Anziehen keine sonderlich bemerkenswerten Eigenheiten. Dafür aber hat er eine sehr feste Morgenroutine beim Frühstück. Zwar sagt Jörg von sich selbst, dass er ein Morgenmensch ist und gern früh aufsteht – aber unnötige Arbeit mag er sich um diese Uhrzeit trotzdem nicht aufbürden. Sein Frühstück isst er sehr gern, und damit er das ganz in Ruhe genießen kann, ist der Tisch immer schon gedeckt, wenn Jörg frisch geduscht um sieben Uhr morgens in seine Küche kommt. Das war nicht etwa seine Frau, wie man jetzt denken könnte, denn Jörg hat gar keine. Leider, sagt er. Dass der Tisch trotzdem schon gedeckt ist, liegt an Jörgs vorausschauendem Denken und seinem Pragmatismus. Der Journalist benutzt nämlich immer nur einen einzigen Teller, eine einzige Tasse, ein Messer und einen Löffel. Nach dem Frühstück wäscht er alles sofort ab – und deckt den Tisch für den nächsten Tag. Mehr Geschirr braucht er nicht, denn Mittagessen gibt es in der Kantine seiner Redaktion, und abends isst Jörg oft irgendwo in der Stadt, weil er sich noch mit Freunden trifft. Er findet seine Morgenroutine sehr praktisch, schließlich benötigt er so keine Geschirrspülmaschine. Alles Benutzte gleich abzuwaschen sei nicht nur effizient, es löse zudem das Problem, dass es nur wenige Dinge gebe, die so eklig seien wie dreckiges Geschirr. Ein Teller, eine Tasse, ein Messer, ein Löffel – für Jörg ist das absolut selbstverständlich.

Juliane M. würde ihn wohl verstehen. Auch sie geht morgens das Thema Geschirr äußerst rational an, eigentlich ist sie sogar noch radikaler als Jörg. Die Designerin aus Berlin hat zwar viele Tassen und Teller im Schrank, jeden Morgen wird aber nur eine Tasse auserwählt, die sie den ganzen Tag über begleitet. Eine Tagestasse sozusagen. Nur eben nicht aus sentimentalen oder nostalgischen Gründen, sondern aus ganz praktischen. Einen Teller braucht sie morgens nicht, denn Cornflakes oder Müsli mit Milch, das lässt sich auch aus der Tagestasse wunderbar löffeln. Danach kommt der Kaffee, im Laufe des Tages folgen Wasser, Saft oder Schorle. Abgewaschen wird erst abends, zwischendurch reicht kurzes Ausspülen mit Wasser. Juliane weiß, dass viele Leute spezielle Gefäße für spezielle Getränke wählen, schließlich gibt es Teetassen, Kaffeebecher und Gläser. Aber in der Zeit ihres Studiums hat sie es sich abtrainiert, so wählerisch zu sein. In dem Atelier, in dem sie damals arbeitete, waren Tassen knapp, absolute Mangelware, wie Juliane sagt. Wer eine saubere erwischt hatte, hielt sie besser fest. Seither ist ihr Prinzip: Ein Tag, eine Tasse. Sie bilde sich mittlerweile ein, das aus Sparsamkeit zu machen, «weniger Abwasch eben». Aber so ganz glaubt sie sich das selbst nicht, und an den Reaktionen anderer merkt sie, dass nicht alle ihre Idee der Tagestasse so wunderbar effizient finden wie sie.

Auch David K. sorgt gern vor, damit zukünftige Mahlzeiten effizient und doch in Ruhe vonstattengehen. Zwar hat er es nicht so mit dem Geschirr wie Jörg und Juliane, doch er bereitet regelmäßig schon am Vorabend sein Müsli für den nächsten Morgen zu, «um mehr Zeit zum Schlafen zu haben». Das perfekt vorbereitete Müsli wartet dann im Kühlschrank auf ihn, bis er –, wach, aber in aller Regel noch lange nicht ausgeschlafen – am nächsten Morgen in die

Küche trottet. David hat öfter mal Gäste, die es meist sehr amüsant finden, wie er seine eigene Morgenmuffeligkeit akzeptiert und Wege findet, mit ihr auf so pragmatische Art und Weise umzugehen.

Jörg sieht ebenfalls manchmal in ungläubige oder belustigte Gesichter, wenn sein spezielles Morgenritual bekannt wird. Jeder, der ihn besucht, sieht schließlich sofort auf dem Küchentisch sein Frühstücksgedeck stehen, zu jeder Tages- und Nachtzeit. Ein eigentlich sehr guter Freund von ihm «benutzte daraufhin eine fast schon beleidigende Vokabel», sagt Jörg. Der Freund fand die Sache mit dem radikal reduzierten Geschirrbestand eben doch ganz schön seltsam.

Doch Jörg und Juliane bleiben ihren Ritualen treu. Juliane, weil ihre Studentenzeit sie nachhaltig geprägt hat und ihrer Neigung zu Pragmatismus ganz einfach gut entgegenkam, Jörg, weil er die Ruhe am Morgen und sein Frühstück so sehr schätzt. Für beide ist wichtig, dass dieser Teil des Tages einer der wenigen ist, die sie vollends unter Kontrolle haben. Während Juliane früher nie genau wusste, wann wieder eine neue Tasse in greifbarer Nähe sein würde, weiß Jörg den Rest seines Tages nicht, wann er in dem wuseligen Redaktionsbetrieb wieder zum Essen kommen wird.

Ordnung und Sauberkeit

Die Ticks und Macken rund um das Thema Ordnung und Sauberkeit kommen in vielen unterschiedlichen Gewändern daher. Weil sie so vielfältig sind, scheinen sie auf den ersten Blick keinen gemeinsamen Nenner zu haben. Was schließlich sollen eine Klo-Phobie, ein putzender Pilot und ein Zahnputz-Fanatiker gemeinsam haben? Und doch gibt es ein Motiv, das sich wie ein roter Faden durch all diese Marotten zieht: Es ist das Bedürfnis nach Kontrolle, danach, seine die Umwelt so zu gestalten, dass sie dem eigenen Naturell bestmöglich entspricht. Ordnung und Sauberkeit sind in unserer Kultur positiv besetzte Attribute – und das Wunderbare ist, dass jeder sie selbst steuern kann, weil Ordnung und Sauberkeit hauptsächlich in den eigenen vier Wänden eine Rolle spielen. Anders als auf vielen anderen Gebieten des Lebens muss man hier also nichts dem Zufall – oder anderen Menschen – überlassen.

Bei den Spleens in diesem Kapitel braucht man nicht nach Effizienz zu suchen, nicht nach geld- oder zeitsparenden Eigenschaften, nicht nach Pragmatismus. Diese Macken kommen zwar oft in einem solchen Gewand daher. Im Kern geht es bei ihnen aber darum, der Umwelt seinen eigenen Stempel zu verpassen, mag das Verhalten für andere noch so unverständlich sein oder man selbst dadurch pedantisch wirken.

Das zugrunde liegende Bedürfnis nach Kontrolle klingt zunächst vielleicht weniger positiv, als es das sollte. Vermutlich denkt man dabei an Macht, Dominanz, Vorteilsnahme oder Rechthaberei. Doch Kontrolle, die Überzeugung, selbst Einfluss auf etwas in der Welt zu haben, ist für die menschliche Psyche absolut überlebensnotwendig.

Der Erste, der das entdeckte, war der kanadische Psychologe Albert Bandura. Er entwickelte in den 1970er Jahren das Konzept der Selbstwirksamkeitserwartung: Es beschreibt den Glauben daran, mit den eigenen Fähigkeiten und Fertigkeiten etwas bewirken zu können. Wer von der eigenen Selbstwirksamkeit überzeugt ist, dem scheint die Welt steuerbarer und übersichtlicher, als sie in Wirklichkeit ist. Das macht aber nichts. Denn Bandura entdeckte, dass es gar nicht so wichtig ist, wie groß der eigene Einfluss auf den Lauf der Dinge tatsächlich ist – für das eigene Wohlbefinden ist lediglich entscheidend, dass man selbst davon überzeugt ist, die Kontrolle zu haben. Wer an die eigene Kompetenz glaubt, der steckt, so haben Studien gezeigt, Frustration besser weg, ist ausdauernder und weniger anfällig für psychische Erkrankungen wie Angststörungen oder Depressionen. Menschen, die gefühlt «alles unter Kontrolle haben», führen also insgesamt ein erfolgreicheres Leben, sowohl in beruflicher als auch in privater Hinsicht.

Kleine «Kontrollen» in den Alltag einzubauen, ist also sinnvoll und stabilisiert die Psyche. Sollen die anderen doch still in sich hineingrinsen oder offen ihre Verwunderung bekunden: Wer in seinem Revier sein eigenes System lebt, der muss sich nicht seltsam vorkommen, sich dafür schämen oder entschuldigen. Doch das eigene System im Alltag durchzusetzen, ist meist gar nicht so einfach. Wesentlich leichter fällt das denjenigen, die allein leben: Weder müssen sie sich für ihre Spleens rechtfertigen, noch prallt das eigene System mit dem eines anderen derart zusammen, dass man es ernsthaft überdenken müsste.

1 Die Sache mit dem Klo

Wenn die Tür des Badezimmers hinter einem zufällt, ist man ganz für sich allein. Das Badezimmer ist ein Ort der Sicherheit, der unantastbaren Intimsphäre – und der Ruhe. Was dort passiert, weiß nur man selbst. So einen geschützten Raum ohne Beobachter braucht jeder ab und zu – nicht nur zu Hause. Doch da geht das Problem los. Ausgiebige Ausflüge ins Badezimmer, darauf hat man in öffentlichen Toiletten eher selten Lust. Nicht ohne Grund sucht man das stille Örtchen am liebsten zu Hause auf. Nicht wegen der Stille, sondern wegen der Sauberkeit.

Christina M. aus Berlin zum Beispiel meidet öffentliche Klos, wann immer es nur möglich ist. Toiletten in Bars, in Zügen oder auf Flughäfen sind ihr ein Gräuel. Wäre sie ein Mann, sagt sie, dann käme sie ja zumindest noch um das Hinsetzen herum. Aber so … Frauen bleibt, wenn sie Zweifel an der Sauberkeit einer öffentlichen Toilette haben, schließlich nur, ein Nest aus Toilettenpapier zu bauen – oder aber allerlei fiese Verrenkungen in Kauf zu nehmen, um den Kontakt mit der Klobrille zu vermeiden oder wenigstens zu minimieren. Christina ist absolut kompromisslos, wenn es um öffentliche Toiletten geht. Hat sie den geringsten Zweifel darüber, dass es wirklich sicher ist, sich auf eine zu begeben, dann lässt sie es und sucht weiter. «Ist die Toilette dreckig», sagt sie, «dann kann ich noch so sehr müssen müssen, ich werde nicht können können.»

Für ihre Kompromisslosigkeit in dieser Frage fühlen sich Christinas Eltern ein bisschen verantwortlich. Als das Mädchen etwa zwei Jahre alt war, so erzählen sie etwas peinlich berührt, da haben sie die kleine Christina einmal auf das Töpfchen gesetzt – und dort eine ganze Weile vergessen. In der Schulzeit dann mied sie bereits öffentliche Toiletten. Das klappte ganz gut, schließlich war es nach Hause nicht so weit und die Schule dauerte nicht ewig. Im Ferienlager wurde es aber schon etwas schwieriger, auch da luden die Toiletten nicht gerade zum Verweilen ein. Sie rochen so schlecht, dass Christina beschloss, einfach um die Ecke zu gehen, in den Wald. Bis heute, sagt sie, gehe es da immer, zwischen den Bäumen. Weil aber nicht überall Wald herumsteht, wägt sie ihre Möglichkeiten schon im Voraus genau ab, wenn sie beispielsweise in der Stadt unterwegs ist. Christina hält Ausschau nach Restaurants und Fast-Food-Ketten, denn in der Regel hätten diese eine Toilette «ohne Verdachtsmomente» zu bieten. Das bedeutet, dass sie ihre Minimalanforderungen erfüllen: ein sauberer, trockener Sitz, eine ebenso saubere Kloschüssel, kein Toiletten- oder Zigarettengeruch, ausreichend Klopapier und ein sauberer und ebenfalls trockener Boden um die Toilette herum. Ist eines davon nicht gegeben, kommt diese Toilette für Christina nicht infrage. Nicht einmal zur Diskussion stehen für sie Dixie-Klos, öffentliche Bezahl- und Clubtoiletten. Christina ist in ihrer Toilettenplanung mittlerweile so geschickt, dass sie erstens gut mit ihrer Marotte leben kann und zweitens niemand etwas von ihrem kleinen Spleen mitbekommt. Zur Inspektion in die Toilette geht sie ja, klar, allein.

Auch wenn nicht alle so rigoros vorgehen wie Christina, die Minimalanforderungen, die sie aufgestellt hat, teilen andere durchaus. So krempelt ein Bekannter von mir, Sascha, immer seine Hosen hoch, bevor er öffentliche Toiletten betritt, und krempelt sie erst wieder herunter, wenn er sicher ist, hygienisch neutrales Land zu betreten – oder die Toilette wieder verlassen hat. Andere berühren die Türklinken nur mit einer Lage Papier zwischen den Fingern, um keinen direkten Kontakt zu möglicherweise von Keimen und Bazillen nur so wimmelnden Gegenständen zu haben.

Was genau sich am Klo eigentlich alles an Bakterien findet, haben Wissenschaftler der University of Colorado in einer Studie mit dem schönen Namen *Mikrobiologische Biogeografie der Oberflächen öffentlicher Toiletten* einmal untersucht.[1] Die Forscher fanden 19 verschiedene Bakterienstämme in den öffentlichen Toiletten auf dem Campus der Universität. Die meisten davon tummelten sich – Sascha wird sich, wenn er das liest, gleich wieder seine Hosenbeine hochkrempeln – auf dem Boden. Drei Gruppen von Bakterien gab es: jene, die auf der menschlichen Haut leben, jene, die die Leute wohl von draußen mit in die Toilettenräume gebracht hatten, und jene, die es nur im Magen-Darm-Trakt des Menschen gibt.

Meist waren die Erreger für den Menschen harmlos, also nicht krankmachend. Dennoch reicht es für die Erregung von Ekel aus, dass alle drei Bakterienarten auf sämtlichen Oberflächen der öffentlichen Toiletten gefunden wurden – inklusive Türklinken, Wasserhähnen und Spültasten. Auf einigen Spültasten fanden die Forscher sogar Bodenbakterien. Es müssen also Menschen die Toilettenspülung statt mit ihrer Hand mit ihrem Fuß betätigt haben.

Der Ekel vor dem stillen Örtchen, sofern es sich um ein öffentliches handelt, mag nun etwas übertrieben aussehen, und so mancher von Ihnen hat wahrscheinlich gerade still in sich hineingelacht, aber aus evolutionärer Sicht ist die übergroße Vorsicht vor den Hinterlassenschaften anderer eine sehr weise Strategie. Viele Krankheiten werden über die Körperflüssigkeiten übertragen, und wo sonst sind diese so präsent wie auf der Toilette? Schließlich konnten Menschen zu früheren Zeiten nicht mithilfe wissenschaftlicher Methoden Anzahl und Art der Erreger an allen möglichen Orten testen. Und auch heute kann das nicht jeder auf jeder beliebigen Toilette tun, bevor er seinen Bedürfnissen nachgeht. Also waren und sind die meisten Menschen lieber vorsichtig. Die Wissenschaftlerin Valerie Curtis von der London School of Hygiene and Tropical Medicine schreibt dazu in ihrem Buch *Don't Look, Don't Touch, Don't Eat,*[2] dass in allen Kulturen der Welt bestimmte Dinge als eklig wahrgenommen werden: jene, die potenziell krank machen können. Weil Ekel vor allem diese warnende Funktion hat, versuchen Menschen, sich von den Körperflüssigkeiten, Gerüchen und Ausscheidungen anderer so weit wie möglich fernzuhalten.

Doch zu dem Ekel-Problem auf der Toilette kommt noch ein weiteres. Auf öffentlichen Toiletten ist nicht alles so wie zu Hause, und auch das kann den gewohnheitsliebenden Menschen stören. Viele können zum Beispiel auf der Toilette nicht tun, was sie tun wollen, wenn nebenan jemand anderes steht oder überhaupt zu viel Betrieb auf der Toilette ist. Andere leiden darunter, dass die eigenen Geräusche für die anderen Anwesenden zu hören sind. Manche polstern deshalb sogar die Kloschüssel innen erst sorgfältig mit Toilettenpapier, bevor sie sich hinsetzen. Einige Menschen scheinen auch ganz besonders an ihrem Toilettensitz zu hängen. So soll zum Beispiel Madonna einem ihrer Mitarbeiter zufolge auf Tourneen bereits seit 2006 vor jedem Gang in ein neues Badezimmer einen nagelneuen Toilettensitz anfordern, der eigens für sie dort angebracht wird. Prinz Charles soll der britischen Tageszeitung *Daily Mail* zufolge auf Reisen sogar immer seinen eigenen Toilettensitz mitnehmen lassen, ein Exemplar aus weißem Leder, auf das er nirgendwo verzichten möchte. Und Jennifer Lopez, die ebenfalls nur äußerst ungern auf fremden Toiletten sitzt, hat ebenfalls einen solchen Reise-WC-Sitz, ein mehr als 100 000 Dollar teures Teil, das über und über mit Edelsteinen besetzt ist.

Das klingt schon alles sehr spleenig. Bei manchen aber geht der Ekel vor fremden, manchmal auch vor der eigenen Toilette sogar so weit, dass er in eine echte Angststörung mündet. In Großbritannien hat die Nationale Gesellschaft für Angststörungen seit Kurzem die «WC-Phobie» als eine eigene Form der Angststörung anerkannt. Die Betroffenen haben regelrechte Panik davor, eine fremde, schlimmstenfalls sogar eine öffentliche Toilette benutzen zu müssen. Sie bekommen Schweißausbrüche, fühlen sich beobachtet. Sie haben Angst davor, sich schmutzig zu machen, mit irgendetwas anzustecken oder Geräusche zu verursachen, die andere hören könnten – vor allem in öffentlichen Toiletten, in denen es mehrere Kabinen gibt. Von dieser Angststörung betroffen zu sein, ist äußerst unangenehm: Nicht nur machen sich einige dieser Leidtragenden tatsächlich in die Hose, sondern die Strategien, mit denen sie versuchen, ihr Problem zu lösen, sind gesundheitsschädigend. Sie trinken wenig oder versuchen, so lange wie möglich nicht auf die Toilette zu gehen, ein Verhalten, das auf lange Sicht die Nierenfunktion beeinträchtigt.

Hier geht der Spleen also deutlich zu weit. Wer aber wie Christina und Sascha einfach ein bisschen vorsichtig ist, wenn es um die Wahl der Toilette geht, der ist nicht nur normal, sondern sorgt für sein physisches und psychisches Wohlbefinden. Denn sich zu etwas zwingen, das funktioniert auf dem stillen Örtchen in der Regel eher schlecht als recht. Wer wartet, bis er eine Toilette gefunden hat, auf der er sich wohlfühlt und zumindest einen Hauch Privatsphäre hat, bei dem geht besser, weswegen er überhaupt auf der Suche war.

2 Alles raus aus der Tube

Tuben sind eine einfache und praktische Erfindung, um etwas zu lagern, das man im Alltag portionsweise verbraucht: Ketchup, Haarshampoo, Zahnpasta, Sekundenkleber, so was eben. Ansonsten aber sind Tuben meiner Erfahrung nach recht unspektakuläre Gegenstände. Für andere aber sind sie das ganz und gar nicht, wie ich neulich erfuhr, als meine Freundin Helga bei einem Wein erzählte, dass sie einen Tuben-Spleen habe. «Wie jetzt?», habe ich etwas verdutzt gefragt. Und dachte: Soviel kann man mit Tuben doch eigentlich nicht anstellen. «Naja», sagte Helga, «es verschafft mir ein ungeheures Gefühl der Befriedigung, wenn etwas richtig leer wird.» Sie erzählte, dass sie geduldig wartet, bis der letzte Tropfen Milch aus der Verpackung getropft ist, dass sie ihr Duschbad noch mehrmals mit Wasser ausspült, bevor die leere Packung in den Müll kommt – und vor allem ihre Zahnpastatube gerne noch mehrmals zur Hand nimmt, wenn diese so aussieht, als gebe sie womöglich nichts mehr her. Wenn die Tube, aufgeschnitten und ausgekratzt, dann endlich so richtig leer sei, dann sei das ein wunderbares Gefühl, schwärmte sie. Weil Helga allein lebt, nimmt ihr auch niemand diesen Triumph des letzten Restes oder stört sich daran, was sie mit ihren Tuben und Flaschen so anstellt. Alles ist unter ihrer Kontrolle.

Das Prozedere mit den Tuben war für mich neu. Ich drücke eine Tube nur so lange, bis nichts mehr rauskommt. Dann nehme ich die nächste. Ein einfaches Gemüt, wenn es um das Tubenauspressen geht.

Aber Helgas Spleen brachte mich ins Grübeln. Warum sollte einem das Entleeren von etwas so ein ungeheures Gefühl der Erleichterung oder Befriedigung verschaffen? Mir fiel Sigmund Freud ein, bei dem das Entleeren in Zusammenhang mit guten Gefühlen sogar eine ganze Entwicklungsphase ausmacht, die anale nämlich. In seinem Modell der psychischen Entwicklung des Menschen durchläuft ein Baby in seinem ersten Lebensjahr zunächst die orale Phase. In dieser lernt das Kind, durch eigene Handlungen seine Bedürfnisse zu stillen und innere Spannungen abzubauen. Weil sonst noch nicht allzu viel koordiniert abläuft in diesem Alter, erreicht das Baby dies vor allem oral, also über den Mund. Das Daumenlutschen etwa ist eine solche Strategie, sich selbst zu beruhigen. Nach dieser ersten Phase folgt jene, die Freud die narzisstische nennt: In der zweiten Hälfte des ersten Lebensjahres, wenn das Greifen schon besser funktioniert, entdeckt das Baby seinen eigenen Körper, seine eigenen Ausmaße. Es lernt, was noch zu ihm gehört und was zu anderen, wo die Grenze ist zwischen ihm und der Mutter, beispielsweise. Die dritte Phase ist schließlich die anale. Sie klingt ein bisschen fies, ist aber sehr wichtig, weil das Kind, meist im zweiten bis dritten Lebensjahr, hier allmählich lernt, Kontrolle über seine Körperfunktionen zu erlangen. Zu begreifen, dass man etwas selbst steuern kann, ist eine sehr machtvolle Erfahrung. Wer weiß, dass er durch sein eigenes Handeln etwas bewirken kann, der fühlt sich nicht ohnmächtig oder ausgeliefert. Freud benutzte dieses Wort zwar noch nicht, doch heute nennen Psychologen das die Erfahrung der Selbstwirksamkeit. Dies ist eine wichtige Grunderfahrung des Menschen. Später schützt sie zum Beispiel vor einer Depression, der psychischen Erkrankung, die in erster Linie von dem Gefühl gekennzeichnet ist, ausgeliefert und ohnmächtig zu sein. Freud erkannte als Erster, wie wichtig das Gefühl von Macht und Kontrolle für die gesunde menschliche Entwicklung ist.

Und er erkannte noch etwas: Wer seine Handlungen selbst steuern kann, von dem werden andere auch verlangen, genau das zu tun. So begreift das Kind irgendwann im Laufe seines zweiten und dritten Lebensjahres notgedrungen, dass seine Eltern keine Lust haben werden, ihm ein Leben lang die Windeln zu wechseln, sondern dass es für den Gang zur Toilette selbst Verantwortung übernehmen muss.

Wer in dieser Phase stark unter Druck gesetzt wird, entwickelt laut Freud später «anale» Verhaltensweisen, die sich bis ins Erwachsenenalter ziehen können. Dazu gehören ihm zufolge beispielsweise Geiz, ein erhöhtes Bedürfnis nach Kontrolle und Macht sowie eine übertriebene Reinlichkeit. Ich würde da nicht ganz so weit gehen wie der Psychoanalytiker, glaube aber, dass Menschen oft auf die Grunderfahrungen ihrer Kindheit zurückgreifen, wenn es ihnen hilft – mal nur übergangsweise, mal dauerhaft. So wie das Rauchen etwa ein Überbleibsel der oralen Phase ist und genauso der Selbstberuhigung dient wie das Daumenlutschen des Babys, wird es auch Überbleibsel der analen Phasen geben. Die Liebe zum Tubenpressen ist ein Kandidat dafür.

Um sicherzugehen, dass es nicht nur um Helgas individuellen Tick geht, sondern dass auch andere einen Tuben-Spleen haben, stöberte ich ein bisschen in den Tiefen des Internets. Und fand dort eine ganze Welt, in der sich alles nur um Tuben und Verpackungen dreht und darum, wie sie vollkommen leer werden. In mehreren Foren tauschen Leute Tricks dazu aus, wie sie restlos alles aus ihren Verpackungen herausholen können. Sie reden davon, wie sich sperrige Plastikflaschen effizient aufschneiden lassen, davon, wie man die zwei Zahnpastatuben-Hälften, in die man das Original zertrennt hat, wieder zusammenschieben und so das Entleeren über mehrere Tage betreiben kann.

Und sie reden von Tubenrollern und Tubenquetschen oder -pressen, die man online in zig verschiedenen Varianten kaufen kann. Während die Tubenpressen Plastiktuben entleeren, schaffen es Aufroller, alles aus Alutuben herauszuholen. In den Kundenrezensionen stehen Sätze wie: «Endlich wird die Senftube nicht mehr vergnurzelt, das Tomatenmark effizient herausgequetscht und überhaupt schaut's im Tubenfach im Kühlschrank deutlich netter aus!» Oder: «Ästhetischer und nützlicher Alltagshelfer. Diese Tubenpresse hilft uns bei Tomatenmark, Zahnpasta und manchen Gesichtscremes. Es funktioniert wunderbar, ist leicht wieder aus der aufgerollten Tube zu ziehen und so hübsch anzufassen und anzusehen, dass es sich sogar als kleines Mitbringsel eignet.»

Es gibt sogar Angaben darüber, dass tatsächlich viel mehr Reste in den Tuben bleiben, als man meinen könnte. Bis zu einem Drittel waren es unter Umständen in manchen Spendern, Verpackungen und Tuben in einem Test des NDR, der seine Ergebnisse im Jahr 2012 vom Landeseichamt Sachsen-Anhalt überprüfen ließ.[3]

Dass das vollständige Entleeren von Verpackungen anscheinend ein großes Thema für Verbraucher ist, hat mittlerweile auch die Wissenschaft erkannt. Forscher des Massachusetts Institute of Technology (MIT) haben inzwischen eine Beschichtung erfunden, die zähere Flüssigkeiten wie Ketchup, Zahnpasta oder Duschbad mühelos aus den Tuben herausgleiten lässt. Das geht mithilfe eines Schmierstoffes, mit dem man leicht poröses Material auffüllt und so einen konstanten Film erzeugt, auf dem die zähen Flüssigkeiten problemlos entlangrutschen können. Die beiden Erfinder Kripa Varanasi und David Smith arbeiten daran, das «LiquiGlide» zusammen mit dem US-Klebstoffhersteller Elmer's Products schnellstmöglich auf den Markt zu bringen. Bis 2017 soll es gleitfähige Mayonnaise und Zahnpasta dann zumindest im US-amerikanischen Handel geben. Bis die Wundertuben nach Deutschland kommen, wird es wohl noch etwas dauern. Solange müssen jene, die es mögen und die Zeit dafür aufwenden wollen, von Hand weiterpressen und weiterrollen.

3 Zähne zeigen

Wenn man morgens in Ruhe aufgestanden ist und frisch geduscht, gekämmt und mit geputzten Zähnen aus dem Badezimmer kommt, dann tritt man der Welt ganz anders entgegen, als wenn man verschlafen und für das alles in der Eile keine Zeit mehr gefunden hat. Wir wissen, dass andere Menschen einem manchmal ganz schön eklig vorkommen können, und wollen sichergehen, dass andere uns nicht eklig finden. Sauberkeit ist deswegen in allen Kulturen der Welt im sozialen Umgang extrem wichtig, und jeder versucht, im Rahmen seiner Möglichkeiten darauf zu achten, einen sauberen und gepflegten Eindruck zu machen.

Einige Spleens drehen sich bizarrerweise um das Element der Körperpflege, das am wenigsten sichtbar ist: das Zähneputzen. «Ich kann mir nicht die Zähne putzen, wenn Leute zusehen», schreibt etwa jemand auf meineticks.de.[4] «Ich muss allein sein. Wenn mich dabei jemand sieht, ist das für mich vergleichbar damit, als würde mir jemand zusehen, während ich auf der Toilette sitze.» Ein anderer gesteht: «Ich habe immer Angst, mir nicht die Zähne geputzt zu haben, wenn ich aus dem Haus gehe.» Um herauszufinden, ob das Zähneputzen auch wirklich stattgefunden hat, versucht derjenige, sich an eine bestimmte Sache an dem Morgen zu erinnern – zum Beispiel, wie genau die Zahnpasta auf der Zahnbürste lag. Und ein Dritter berichtet, er müsse immer direkt nach dem Essen, ganz egal, wo er gerade sei, sofort seine Zähne putzen. Deswegen habe er immer eine Zahnbürste und eine Zahncreme dabei.

Zähneputzen ist bei manchen Menschen offenkundig mehr als nur Zähneputzen – und kann ziemlich stark mit Gefühlen aufgeladen sein. Im ersten Beispiel ist das Zähneputzen mit Scham verknüpft, im zweiten mit Angst. Und im dritten spielt Ekel eine Rolle. Scham, Angst und Ekel sind Gefühle, die vor allem im Umgang mit anderen Menschen zum Tragen kommen. So wie saubere Zähne bei anderen untrennbar mit einem guten Gefühl verbunden sind, gehen unsaubere Zähne bei anderen deshalb mit einem unguten Gefühl einher. Attraktivitätsforscher wissen, dass Zähne sehr wichtig dafür sind, wie gutaussehend und damit gleichzeitig sympathisch eine Person erscheint. Auch die Zahnpasta-Werbung hält uns vor Augen: Menschen mit schönen Zähnen machen einen besseren Eindruck auf andere.

Einen guten Eindruck machen will unbedingt auch Jakob E., ein Service-Techniker, der den ganzen Tag von Kunde zu Kunde unterwegs ist, um deren Computerprobleme zu lösen. Ein sauberes und ordentliches Erscheinungsbild ist ihm sehr wichtig: Er legt Wert darauf, wie seine Haare liegen, fasst Geld grundsätzlich nur mit der linken Hand an, und ja, er putzt sich oft die Zähne. Das nimmt teils skurrile Formen an: Wenn Jakob etwas sieht oder von etwas hört, das für ihn stark mit dem Gefühl des Ekels gekoppelt ist, dann hilft es ihm, umgehend seine Zähne zu putzen.

Grillen, Käfer, Ameisen, Mücken, Spinnen – das sind so Jakobs

Schwachstellen. Aber weil er immer eine Zahnbürste und Zahnpasta dabeihat, putzt er den Ekel einfach weg. Eine Mücke surrt an ihm vorbei? Kein Problem, er geht kurz ins Bad und schrubbt die Zähne. Eine Spinne klebt an der Decke? Jakob zückt seine Zahnbürste. Eine Ameise hat sich in sein Haus verirrt? Mithilfe von Zahnpasta hat er das schnell vergessen. Seine Freunde haben von seinem Zahnputz-Spleen irgendwann Wind bekommen und ärgern Jakob jetzt manchmal damit, dass sie unvermittelt mitten im Gespräch einen Insektennamen fallen lassen – und sich dann amüsieren, wenn er ins Bad geht, um sich die Zähne zu putzen. Er nimmt ihnen das aber nicht übel. Er muss manchmal sogar selbst über seinen seltsamen Tick lachen.

Woher dieser kommt, weiß Jakob aber nicht – und auch nicht, warum es ihm so schwerfällt, den Impuls zum Zähneputzen zu unterdrücken, wenn es um Insekten geht. Aus psychologischer Sicht ist Ekel ein sehr interessantes Gefühl. Die Fähigkeit, Ekel zu empfinden, ist zwar allen Menschen angeboren, doch was konkret jemand eklig findet, wird vor allem durch Lernerfahrungen festgelegt. So ekeln sich kleine Kinder meist noch nicht vor Insekten, sie fassen sie sogar an und untersuchen die kleinen Tierchen. Von ihren erwachsenen Vorbildern lernen sie aber irgendwann, dass Käfer, Ameisen und Spinnen auch als eklig empfunden werden können. Und Ekel ist, weil er eine Warnfunktion vor potenziell krankmachenden Dingen hat, ein ziemlich starkes und damit schwer zu ignorierendes oder beiseite zu wischendes Gefühl.

Um Jakobs Tick zu erklären, lässt sich auch hier wieder der gute alte Sigmund Freud zu Hilfe rufen. In der Tradition der Psychoanalyse würde man den übertriebenen Ekel von Jakob nämlich eine Projektion nennen oder auch, moderner ausgedrückt, ein «blame shifting» – eine Verschiebung von Schuldzuweisungen. Die Projektion ist ein psychischer Schutzmechanismus, der unerwünschte negative Gefühle wie ein Blitzableiter dorthin schickt, wo sie einem weit weg und damit weniger bedrohlich erscheinen. Die eigenen Ekelgefühle werden so zum Beispiel hin zu einer Spinne geschoben.

In der Psychoanalyse ist leider nicht sehr viel konkreter beschrieben, welche negativen Gefühle dafür infrage kommen und woher sie ursprünglich stammen. Die Vermutung ist aber, dass ein Gefühl, in Jakobs Fall der Ekel, als so unangenehm empfunden wird, dass er jederzeit lieber außerhalb von einem verortet wird als in einem selbst. Das würde bedeuten, dass Jakob seinen Ekel auf Insekten ablädt, damit er sich nicht so sehr mit seinen eigenen negativen Gefühlen und Impulsen beschäftigen muss. Dass der Ekel vor den kleinen Tieren aber tatsächlich etwas mit ihm zu tun hat, zeigt seine Reaktion: Das Zähneputzen selbst führt ja schließlich nicht dazu, dass die Tiere weniger eklig werden, sondern dazu, dass er selbst sauberer wird und sich besser fühlt.

Das Geniale an Jakobs Marotte ist, dass er sich für seine Projektion Wesen ausgesucht hat, die auch viele andere Menschen durchaus eklig finden. So fällt sein psychologischer Schutzmechanismus gar nicht sonderlich auf – nur seine Reaktion darauf, sein Umgang mit dem Ekel, wird ein bisschen belächelt. Es gibt Schlimmeres, soviel steht fest. Und seine Marotte hat noch einen weiteren ganz praktischen Vorteil: Jakobs Zähne sind in bester Verfassung. Sein Zahnarzt jedenfalls kann Jakob nur dazu raten, weiterhin morgens, mittags und abends nach dem Essen nach einer Spinne Ausschau zu halten.

4 Revierputzer

Wenn der Pilot Christoph R. etwas ganz bestimmt nicht braucht, dann ist es eine Putzhilfe. Er würde sie wohl auch gar nicht wollen, und das, obwohl er so selten zu Hause ist, dass man sich wundern kann, wie er überhaupt zum Putzen kommt. Er putzt auch nicht sonderlich gerne – aber er braucht es für seinen Seelenfrieden. Christoph arbeitet bei der Lufthansa, er fliegt kreuz und quer durch die Welt, mal ist er in Sibirien unterwegs, dann wieder in New York. Oft ist er eine ganze Woche oder länger weg, bevor er wieder seine Wohnung betritt. Doch in Sibirien oder New York zu landen, fällt ihm manchmal leichter als im Alltag zu Hause anzukommen.

Wenn er die Haustür aufschließt, ist er in der Regel todmüde. Die Reise durch verschiedene Zeitzonen kostet Kraft und Nerven, man schläft wenig und unregelmäßig. So erschöpft wie Christoph ist, will er sich eigentlich einfach nur hinlegen. Aber das geht nicht. In der Wohnung angekommen, befällt ihn eine seltsame Unruhe. Dann fängt er an zu putzen. Er schrubbt das Waschbecken, poliert den Wasserhahn, räumt Sachen hin und her, so dass alles an dem Platz liegt, wo es hingehört. Er räumt und putzt so lange, bis sich wieder alles «richtig» anfühlt. Erst dann fällt er ins Bett und kann schlafen.

Warum er das tut, tun muss, das weiß er nicht. Er ist sonst kein Sauberkeitsfanatiker und nicht penibel, was Ordnung betrifft. Nur beim Nachhausekommen ist das für ihn ein Problem. Christoph vermutet, dass die übermäßig sauberen und ordentlichen Hotels, in denen er schläft, wenn er unterwegs ist, ihn empfindlicher gemacht haben. Aber das ist es, glaube ich, nicht. Christoph putzt, um sich sein Zuhause wieder anzueignen. Wäre er ein Vogel, würde man sagen: Er ordnet sein Nest. Wie Tiere haben auch Menschen ein ausgeprägtes Territorialverhalten. Es ist dazu da, das eigene Revier zu kennzeichnen und zu verteidigen. Das kann man durch den Zaun tun, der ein Grundstück umrahmt, man kann aber auch sein Revier deklarieren, indem man seine eigenen Regeln aufstellt und dort durchsetzt, wo man zu Hause ist. Christophs Putzen beim Nachhausekommen ist ein typisches Revierverhalten, mit dem er die Wohnung wieder als seine eigene deklariert. Das Bedürfnis danach ist so groß, dass ihn selbst seine bleierne Müdigkeit nicht davon abhält.

Ein solches Revierverhalten tritt bei den meisten Menschen zwar nicht so ausgeprägt wie bei Christoph auf, aber in Ansätzen ist es häufig vorhanden. Wenn beispielsweise Besuch wieder weg ist, für den man, bevor er kam, schon geputzt hat, dann putzen viele noch einmal oder saugen die ganze Wohnung durch – auch wenn sie meist nicht darüber reden oder nicht einmal genau sagen können, warum sie das tun. Putzen hat also nicht unbedingt immer etwas mit Reinlichkeit zu tun: Dahinter kann sich auch das Motiv verstecken, sich die Wohnung wieder zur «eigenen» zu machen, sie zurückzuerobern. Wer es gewohnt ist, die Wohnung oder das Haus für sich allein zu haben und alles dort so gestalten zu können, wie es ihm passt, für den trifft das noch einmal mehr zu als für jene, deren Ordnung ohnehin von anderen Familienmitgliedern oder WG-Bewohnern ständig durcheinandergebracht wird.

Putzen erfüllt in einem solchen Fall also eine symbolische Funktion. Die Frage ist aber natürlich: Warum eignet man sich sein Revier nun ausgerechnet durch Putzen wieder an? Man könnte ja auch überall in der Wohnung seine Chips verteilen, doch das tut man nicht. Warum? Die Antwort ist, dass Putzen eine enorm beruhigende Wirkung hat und sehr schnell innere Anspannung reduzieren kann. Das ist auch der Grund dafür, dass Saubermachen immer dann ganz oben auf der Liste der bevorzugten Tätigkeiten steht, wenn wir uns vor unangenehmen Aufgaben drücken, wie zum Beispiel dem Lernen vor einer wichtigen Prüfung oder der Steuererklärung.

Der entspannende Effekt des Putzens ist sogar wissenschaftlich belegt. Wie Forscher des University College in London bei einer Analyse der Datensätze von mehr als 20 000 Schotten herausfanden, reichen 20 Minuten körperliche Anstrengung pro Woche aus, um sich gut zu fühlen und sogar um depressive Verstimmungen aufzufangen.[5] Ob diese körperliche Anstrengung nun durch Sport oder aber etwa durch eine Runde Fensterputzen entsteht, sei völlig egal, so die Wissenschaftler um Mark Hamer. Hausarbeit reduziere das Risiko für Angstzustände und Stress um ganze 20 Prozent, Sport um 33 Prozent. Und Putzen beruhigt nicht nur, es hat sogar langfristige positive Effekte auf die Gesundheit. So kam eine von der britischen Stiftung Cancer Research UK in Auftrag gegebene Studie unter 200 000 Frauen in neun europäischen Ländern zu dem Ergebnis, dass auch leichte körperliche Betätigungen wie Putzen und Hausarbeit das Brustkrebsrisiko über einen Zeitraum von sechs Jahren senkten – bei Frauen vor der Menopause um 30 Prozent und nach der Menopause um 20 Prozent.[6] Im Schnitt waren die Frauen vor der Menopause 42 Jahre alt, jene nach der Menopause 59 Jahre.

Die Fragestellung der Studie mag auf den ersten Blick ziemlich sexistisch wirken, doch die Wissenschaftler verteidigen ihre Untersuchung folgendermaßen: Die meisten Frauen, gerade die älteren, hätten schlichtweg nicht sehr viele Aktivitäten in ihrem Alltag aufgelistet, nur wenige hätten tatsächlich regelmäßig Sport getrieben. Hausarbeit war daher jene Aktivität, die schlicht am meisten Zeit in Anspruch nahm und als Bewegung angesehen werden konnte. Außerdem, so betonen die Forscher, habe eine frühere Untersuchung an mehr als 400 000 Frauen und Männern gezeigt, dass im Fall von Darmkrebs Hausarbeit als Form moderater Bewegung bei beiden Geschlechtern positive Effekte auf den Krankheitsverlauf hatte.[7]

Irgendwie stimmt es also wohl schon, dass Putzen zu einem Gefühl innerer Aufgeräumtheit, Entspannung und Ruhe führt. Wer mag, kann ja mal einen der Putzkurse von Katharina Zaugg besuchen. Die Schweizer Ethnologin erforscht seit 20 Jahren «postmodernes Raumpflegeverhalten», wie sie es nennt, hat dazu Bücher geschrieben und Seminare gegeben. Sie glaubt, dass Putzen sogar einen Wellness-Charakter haben kann, wenn man sich dem Ganzen richtig hingibt.

So weit würden die meisten Deutschen wohl nicht gehen. In der Forsa-Umfrage «Wie putzt Deutschland?» gibt jeder Zehnte an, eine Putzhilfe zu beschäftigen – weil er selbst zu wenig Zeit (49 Prozent der Fälle) oder zu wenig Lust auf Hausarbeit (44 Prozent der Fälle) habe.[8] Das spiegelt sich auch im Putzverhalten wider: Nur acht Prozent der Deutschen putzen selbst täglich, ein Drittel nimmt mehrmals in der Woche Staubsauger und Wischmob zur Hand, 39 Prozent nur einmal pro Woche.

Christoph putzt wohl im Schnitt eher noch seltener – weil er so selten zu Hause ist. Er scheint seine innere Ruhe dennoch unter normalen Umständen durchaus zu haben. Nur wenn sich sein Alltag plötzlich ändert und sein Zuhause wieder sein Zuhause werden soll, dann hilft ihm das Putzen. Aber dann, wenn alles endlich wieder genau so ist, wie es sein soll, dann schläft es sich in seinem Bett tausendmal besser als in jedem noch so ordentlichen und sauberen Hotelbett.

5 Finger weg von meinem System

Die Kontrolle im eigenen Territorium zu behalten, ist für Menschen nicht nur wichtig, sondern in der Regel eine absolute Selbstverständlichkeit. Lässt man sie einfach so machen, wie sie wollen, dann ordnen sie alles in ihrem Revier so um sich, wie es ihren Bedürfnissen entspricht. Für andere, Außenstehende, mögen manche Angewohnheiten schräg wirken, übertrieben oder auch einfach lächerlich, doch für die Person selbst fühlt es sich «richtig» an. Menschen lieben ihr eigenes System, und sie verstehen keinen Spaß, wenn jemand dieses System infrage stellt oder gar wagt, es durcheinanderzubringen. Je mehr sie daran gewöhnt sind, dass sie auf ihrem Terrain allein sind, desto ausgefeilter werden diese Systeme oft – und desto unflexibler.

Ein Politikwissenschaftler aus Berlin hat zum Beispiel einen Socken-Spleen. Nicht nur, dass er alles, was an Wäsche anfällt, faltet, er legt auch sehr viel Wert darauf, dass dabei die richtige Falttechnik zum Einsatz kommt. Selbst bei den Socken muss Ordnung herrschen. Akkurat liegen bei ihm Hacke auf Hacke und Spitze auf Spitze. Nur so gefaltet kommen sie in den Schrank. Und weil es das Ganze wunderbar vereinfacht, werden die Socken auch schon paarweise – Hacke neben Hacke und Spitze neben Spitze – auf die Wäscheleine gehängt.

Die eigene Wäsche ist etwas sehr Intimes, keine Frage. Das findet auch ein Bekannter von mir, Vincent, der sehr empfindlich ist, wenn es an seine Unterwäsche geht. Er kann es nicht ertragen, wenn Unterhosen links herum im Schrank liegen, auch dann nicht, wenn sie frisch gewaschen sind. Unhygienisch findet er das, denn Unterhose bleibt eben Unterhose, sagt er. Gewaschen oder nicht, die «unreine» Seite gehöre einfach nach innen. Er, sonst sehr entspannt und unaufgeregt, wird regelrecht ungehalten, wenn er das erklären muss.

Reinhold Bergler, Autor des Buches *Psychologie der Hygiene*, glaubt, dass frische Wäsche nicht nur automatisch Assoziationen von Frische, Gesundheit und Wohlbefinden weckt, sondern auch stellvertretend für eine Reihe positiver Attribute und Persönlichkeitseigenschaften wie Unschuld, Ehrlichkeit und Aufrichtigkeit steht, ungewaschene Wäsche damit natürlich für das Gegenteil: für Nachlässigkeit und Unzuverlässigkeit.[9]

Vielleicht liegt es daran, dass viele Menschen so penibel werden, wenn es um ihre Wäsche geht. Auf myspleen.de wird folgender Wäschetick häufiger thematisiert: das Bedürfnis, ein Wäschestück stets mit Klammern derselben Farbe aufzuhängen.[10] Bei einigen Nutzern müssen auch die Strümpfe eines Sockenpaares mit Wäscheklammern der gleichen Farbe fixiert werden. Eine Frau schreibt, dass sie die Wäsche, wenn sie dann von der Leine kommt, nach einem immer gleichen Prinzip zusammenlegt und in den Schrank räumt: Handtücher werden in eine Richtung gefaltet, T-Shirts in eine andere.

Wäschefalten, davon versteht Franziska B., die in einer Berliner WG wohnt, ebenfalls eine Menge. Die WG-Bewohner haben sich vor einiger Zeit zusammengesetzt und beschlossen, dass sie den Faktor, der in den meisten WGs viel Stress verursacht – nämlich das Putzen –, eliminieren wollen. Seitdem haben sie eine Putzhilfe, die regelmäßig jede Menge ungeliebter Arbeit erledigt. Sie tut das nicht nur in den gemeinschaftlich genutzten Räumen, sondern schaut auch kurz in den einzelnen Zimmern nach, ob es dort etwas zu tun gibt. Und wenn sie trockene Wäsche auf einem Ständer findet, dann nimmt sie diese ab und legt sie zusammen.

Alle finden die Putzhilfe ziemlich großartig – außer Franziska. Wenn die Putzhilfe kommt und Franziskas saubere Wäsche noch auf dem Wäscheständer hängt, dann kümmert sich Franziska schnell noch selbst darum. Schließlich hat sie ein ganz eigenes System entwickelt, Wäsche zusammenzulegen. Sie faltet bei einem Oberteil nicht ausgehend von den Ärmeln zusammen, wie man es üblicherweise macht, sondern klappt stattdessen die untere Hälfte des Oberteils auf die obere. Dann schlägt sie von rechts und links jeweils ein Drittel ein. Statt des typischen, quadratischen T-Shirt-Paketes entsteht bei Franziskas Faltkunst ein kompaktes Stück Stoff im Format eines länglichen Briefumschlages. Reiner Pragmatismus sei das, sagt sie. Es habe sie immer genervt, auf dem Kleiderstapel in der Schublade nur jeweils die oberen drei Shirts zu sehen. Mit ihrer Methode liegen die Klamotten im Briefformat im Schrank, so, wie Bücher sonst im Regal stehen. Mit dieser Technik hat sie alles im Blick – und zieht nicht immer dieselben drei Shirts an, die zufällig gerade weiter oben auf dem Stapel liegen als die anderen.

Franziskas Marotte ist eine kleine Ausnahme, da sie tatsächlich einen Hauch Effizienz in sich trägt. Alle anderen der aufgezählten Ticks sind eigentlich nur etwas pedantisch und sparen weder Zeit noch Mühe – ganz anders als bei den Morgenroutinen also –, doch sie haben durchaus eine Funktion: Hier geht es darum, Kontrolle zu behalten und auszuüben, ein bestimmtes System zu entwickeln, das die eigene Handschrift trägt – und dieses auf dem eigenen Grund und Boden zu etablieren.

Es gibt noch ein zweites Gebiet im Haushalt, bei dem das in ähnlicher Form der Fall und besonders gut sichtbar ist: beim Einräumen der Geschirrspülmaschine. Gut 68 Prozent aller Haushalte in Deutschland sind mittlerweile mit einer Spülmaschine ausgestattet, dieser Errungenschaft der Moderne, die das Leben vereinfachen und dazu noch Ressourcen, in diesem Fall Wasser, sparen soll. Jeder hat ein ausgeklügeltes und, wie er glaubt, besonders effizientes System, um das Geschirr in der Maschine so sauber wie möglich zu bekommen. In Haushalten, in denen mehrere Menschen zusammenleben, führt ein Aufeinanderprallen der Systeme häufig zum Streit. Wer allein lebt, kann hingegen sein System hegen und pflegen, ebenso wie den Gedanken, dass dieses System das einzig wahre ist.

Zum Beispiel die Idee, dass beim Besteck die Griffseite immer nach unten zeigen sollte, sodass der obere Teil von Gabeln, Messern und Löffeln auch wirklich gut gespült wird, wie es bei einer Verwandten von mir der Fall ist. Ausnahme sind spitze Messer, die kommen natürlich andersherum rein. Andere waschen spitze Messer lieber gleich nur von Hand ab oder räumen das Besteck nach Messern, Gabeln und Löffeln sortiert ein, «dann geht das Ausräumen sehr viel schneller», wie ein Bekannter sagt. «Ein Griff, ein Fach – zack!» Wieder anderen ist die Einräumtechnik für das Besteck herzlich egal, dafür achten sie darauf, dass Silber und Metall getrennt in die Spülmaschine wandern, weil das angeblich das Anlaufen verhindert, oder packen Holz nur getrennt von Tellern hinein.

Max M. aus Hattingen wiederum ist etwas anderes wichtig. «Immer erst unten, dann oben ausräumen», sagt er. Und dabei den oberen Korb nicht bewegen. Sonst tropfen einem die Kaffeebecher im oberen Fach nämlich das saubere, trockene Geschirr unten wieder voll. Schalen, Tassen und Teller bekommen ebenfalls bei vielen eine Sonderbehandlung. Schalen dürfen nicht übereinander und nur streng mit der Öffnung nach unten eingeräumt werden, Tassen und Teller spülen viele vor, der Krümel wegen, sonst habe man ständig mit der Reinigung der Siebe und Düsen zu tun. Andere regt das auf, weil es unsinnig sei und außerdem Wasserverschwendung. Über die richtige Art des Geschirr-Tetris kann man ewig diskutieren.

Die Maschine, die eigentlich nur das Leben erleichtern soll, züchtet also einige Spleens heran. Dahinter stehen oft felsenfeste Überzeugungen, die ziemlich schwer infrage zu stellen sind. Britische Forscher haben es trotzdem versucht und einmal genau analysiert, wie sich das Wasser in der Spülmaschine bewegt – und was das für die optimale Einräumtechnik bedeutet. Tatsächlich trifft der Wasserstrahl aus den Düsen nur wenige Bereiche in der Spülmaschine ganz direkt, vor allem die Mitte der Spülmaschine. Das meiste Geschirr bekommt das Wasser nur indirekt ab, wie die Forscher um Raul Pérez-Mohedano von der University of Birmingham berichten.[11] Ziemlich chaotisch sei die Wasserverteilung insgesamt und auch mit der Symmetrie sei es nicht weit her. Obwohl das Wasser in einer kreisförmigen Bewegung aus den Düsen komme, verteile es sich danach eher in einer Form, die einem Rechteck entspricht, also so, dass es immer Bereiche im Geschirrspüler gibt, die insgesamt weitaus mehr Wasser abbekommen als andere.

Das klingt kompliziert, lässt sich aber auf einige gute Tipps herunterbrechen – für jene, die gewillt sind, ihren Spleen einmal infrage zu stellen: Teller, auf denen zuvor Nudeln, Reis, Kartoffeln oder andere Kohlenhydrate gelegen haben, sollten demnach möglichst genau in die Mitte der Spülmaschine. Denn dort kommt der Wasserstrahl direkt an und hat genug Kraft, Klebriges von den Tellern zu fegen. Geschirr, das für Eiweißprodukte genutzt wurde, profitiert dagegen eher davon, wenn es viel Lauge abbekommt und darin einweichen kann. Es wird deshalb eher sauber, wenn es in den Ecken der Spülmaschine platziert wird. Dort trifft es der Wasserstrahl nicht direkt, und es kann länger einweichen.

Messer, Gabel und Löffel sollten, wenn sie sauber werden sollen, nicht zu eng beieinander stehen. Und in der Tat hilft es, das Besteck abwechselnd mit dem Griff nach oben oder unten zeigen zu lassen. Durch dieses Abwechseln optimiert man den Platz. Zum Thema Schalen: Die Öffnung nach unten zu legen, verhindert zwar Wasseransammlungen, macht die Schale aber nur dann richtig sauber, wenn diese im oberen Teil der Maschine liegt, ihre Öffnung also in Richtung Wasserdüse oder genau zur Mitte der Spülmaschine hin zeigt. Alles in allem: Umso mehr Platz das Wasser im Geschirrspüler hat, desto sauberer wird der Inhalt. Oder wie es eine Leserin meiner Kolumne zum Thema auf welt.de formulierte: Man müsse den Heinzelmännchen der Schrubberkolonne schon auch ein bisschen Raum lassen. Sie bekämen sonst nämlich noch Platzangst.

Freizeit- und Sozialverhalten

In diesem Kapitel geht es um etwas zutiefst Menschliches: um die persönliche Integrität. Die folgenden Spleens sind Ausdruck dafür, wie wichtig es für Menschen ist, im Einklang mit ihrem Wertesystem zu leben. Dazu zählt unter anderem, eine Privatsphäre zu haben, in die sich niemand einmischt und die man gestalten kann, wie man es möchte. Dazu gehört zum Beispiel, sich zurückziehen zu können, wenn einem die Welt da draußen zu bunt, zu viel und zu laut wird. Herumzulungern, wenn man herumlungern will, zu essen, wenn man essen will, tun und lassen zu können, was und wann es einem guttut, sich nicht um Anstand oder Konventionen zu scheren und darum, was andere von einem denken, erwarten, wollen oder fordern.

Fast jeder Erwachsene erinnert sich daran, wie schön es als Kind war, in einem Spiel der Bestimmer sein zu dürfen, die Gewissheit zu haben, keine Kompromisse machen zu müssen. Und jeder weiß noch, wie schön es war, Freiräume zu haben, in die sich die Erwachsenen nicht eingemischt haben, Zeiten, in denen man sich nach niemandem richten musste. Diese Freiräume braucht jeder – in jedem Alter. Der Schutz der Persönlichkeit, ihrer Ganzheit und Unversehrtheit und die Möglichkeit, den eigenen Bedürfnissen und Wertvorstellungen nach leben zu können, das ist mit Integrität gemeint. Die persönlichen Überzeugungen und Maßstäbe eines Menschen spiegeln sich in seinem Verhalten wider, wenn er seinen Alltag so gestalten kann, wie er es möchte. In seiner puren Form natürlich dann, wenn er alleine ist, wenn er auf niemanden Rücksicht nehmen muss, niemand eine Bewertung dessen vornimmt, was passiert, und niemand mit seinen Bedürfnissen die eigenen durchkreuzt oder korrumpiert. Wer Single ist oder allein wohnt kann sich wunderbar zu Hause in den eigenen vier Wänden austoben. Wer mit anderen Menschen zusammenlebt, sucht sich seine Freiräume vielleicht eher woanders, in kleinen Momenten, in denen er ungestört ist, die nur ihm selbst gehören.

Manche bezeichnen persönliche Integrität auch als Treue zu sich selbst. Das ist ein schöner Gedanke: Sich selbst treu zu bleiben, zu wissen und zu verwirklichen, was man braucht, um sich mit sich selbst wohlzufühlen, das ist sehr wichtig für das persönliche Glück. Nicht im Sinne des ganz großen, überwältigenden Glücks, sondern im Sinne des kleinen, alltäglichen Glücks, das Menschen Kraft gibt und sie in sich ruhen lässt. Und von dem Wissenschaftler sagen, dass es in Wirklichkeit viel mehr zählt.

1 Sich mal richtig gehen lassen

Zu Hause alleine rumzugammeln, kann wunderbar sein. Lange schlafen, den ganzen Tag im Bett liegen, lesen, fernsehen, essen, was und wann man will. Niemand sieht einen, niemand stellt infrage, was man tut, warum man es tut und wie man dabei aussieht. Auch wenn es einem so vorkommt, als sei das Rumgammeln eigentlich eine sinnlose Sache, so hat es doch eine wichtige Funktion: Wer sich mal richtig gehen lässt, fühlt sich nicht nur dabei, sondern auch danach erleichtert und zufrieden. Das Rumgammeln tut der Seele so gut, weil man dabei ganz den eigenen Bedürfnissen nach handelt. Weil man das tut, was sich gerade gut und richtig für einen selbst anfühlt, ohne sich darum zu scheren, was andere wohl darüber denken mögen.

«Grundsätzlich ist es unglaublich toll, einfach mal scheiße aussehen zu dürfen!», schreibt zum Beispiel eine Single-Frau namens Tanja im Netz. «BH? Der fällt, sobald ich die Haustür reinkomme, genau wie meine Jeans, Make-up und Schmuck. Selbst wenn ich wollte, könnte neben mir im Bett niemand mehr liegen: Wasserflasche, Wärmflasche, Buch, Handy und vielleicht noch ein Teller nehmen sämtlichen Platz ein.» Abends, schreibt sie weiter, wolle sie in Ruhe, ohne dass jemand spricht, die neuesten Kinotrailer oder Tutorials auf YouTube gucken, neue Musik entdecken oder Serien schauen. Da sie als Studentin jeden Tag viel mit Freunden unternehme, finde sie es wahnsinnig toll, einfach mal alleine zu sein – und nicht sprechen zu müssen. «Gerne auch den ganzen Sonntag lang, an dem ich verkatert, hässlich und stinkend im Bett liege.»[1]

Ähnlich geht es auch Ina, die auf der gleichen Plattform berichtet, zu Hause nur noch mit verfilzten Haaren, Jogginghose und fleckigen Shirts herumzulaufen. Und da sie zurzeit keinen Freund habe, würden auch die Beine nicht mehr so gründlich rasiert, wie es sonst bei ihr üblich gewesen sei. Und ein Dritter schreibt: «Insgesamt ist der Gebrauch einer Hose zu Hause nicht mehr unbedingt notwendig – besonders dann, wenn man überdurchschnittlich viel Zeit im Bett rumgammelt.»

Für viele gehört es beim Rumgammeln auch dazu, es sich entweder im Bett oder auf der Couch so richtig gemütlich zu machen und sich dort so einzurichten, dass man möglichst wenig aufstehen oder sich bewegen muss. Ein Klassiker dabei ist das Essen vor dem Fernseher, am besten noch im Bett. Im Zusammensein mit anderen findet man das sonst eher unkommunikativ, aber wenn man allein ist, kann es sich einfach nur gut anfühlen. «Ganz viel Essen auf einen viel zu kleinen Teller und damit vor den Fernseher!», schreibt jemand auf dem Blog der *NEON*-Singles. Ein anderer beichtet, vor dem Fernsehen immer erst etwas zu Essen vorbereiten zu müssen. «Ich kann nicht anfangen zu essen, bevor nicht ein guter Film oder eine gute Serie läuft.»[2]

Dietrich Munz, der Vorsitzende der Psychotherapeutenkammer, findet, dass das Alleinsein und die Möglichkeit, sich gehen lassen zu können, sich nicht einschränken und kontrollieren zu müssen, die seelische Regeneration fördert. Er hat zusammen mit Kollegen sogar einen Band herausgegeben, in dem er die Fähigkeit zum Alleinsein preist. Der Rückzug ist in vielen Kulturen ein sehr wichtiger Prozess, um wieder herauszufinden, was man selbst braucht, was einem wichtig ist. In unserer Gesellschaft wird das manchmal ein bisschen vergessen. Bei Kindern ist man sich noch dessen bewusst, dass ihnen manchmal alles zu viel werden kann, dass sie die Möglichkeit brauchen, sich zurückzuziehen. Doch Erwachsene sind in dieser Hinsicht nicht anders. Auch sie brauchen regelmäßig Freiräume, Zeiten, in denen sie ganz für sich allein sind. Rumgammeln und sich gehen lassen mag auf den ersten Blick nicht so aussehen, als würde es etwas leisten – doch das tut es.

2 Selbstgespräche

Wenn Kinder ungefähr zwei Jahre alt sind, fangen sie an, mit sich selbst zu reden, mal leise und mal laut. Sie schimpfen vor sich hin, erklären sich selbst, was sie gerade tun, und stellen viele Fragen, auf die sie von anderen gar keine Antwort erwarten. Häufig wenden sie das Selbstgespräch an, um sich durch eine schwierige Aufgabe zu manövrieren und sich selbst zu motivieren, etwa ihre Schuhe zuzubinden. Zwischen dem dritten und dem fünften Lebensjahr spricht so gut jedes zweite Kind regelmäßig mit sich selbst, vor allem abends, kurz vor dem Schlafengehen, wenn es die aufregenden Ereignisse des Tages noch einmal vor seinem inneren Auge sieht. Psychologen glauben, dass das Sprechen mit sich selbst den Kindern hilft, das Erlebte zu verarbeiten und zu strukturieren. Das Aussprechen macht die Gedanken und Gefühle klarer und präsenter.

Aber das Selbstgespräch kann tatsächlich auch die Leistungsfähigkeit steigern. So zeigte eine Untersuchung von US-Wissenschaftlern um Adam Winsler von der George Mason University, dass drei- bis fünfjährige Kinder, die verschiedene Rätsel lösen sollten, das im Durchschnitt schneller schafften, wenn ihnen ausdrücklich erlaubt wurde, während der Problemlösung mit sich selbst zu sprechen, als wenn es ihnen verboten wurde oder sie gar keine Anweisung dazu erhielten.[3]

Dreijährige, die mit sich selbst sprachen, lösten mithilfe des Selbstgespräches auf diese Weise Rätsel, die Vierjährige gerade so schafften, wenn sie nicht mit sich selbst reden durften. Winsler hatte außerdem schon in einer davor erschienenen Studie zeigen können, dass Kinder, die gern mit sich selbst sprechen, ihren Altersgenossen in der sprachlichen Entwicklung ein ganzes Stück voraus sind. Sprechen und Denken – beides ist also in der Entwicklung sehr eng miteinander verknüpft.

Ungefähr mit der Einschulung beginnen viele Kinder dann, die Selbstgespräche immer mehr nach innen zu verlagern, wie die Forscher beobachteten. Winsler zufolge redet unter den Fünfjährigen noch jeder Zweite beim Lösen einer schwierigen Aufgabe mit sich selbst, bei den 17-Jährigen ist es nur noch etwa jeder Zehnte.

Aber auch Erwachsenen können Selbstgespräche nutzen. Sie helfen dabei, die eigenen Gedanken und Gefühle zu sortieren, sich zu konzentrieren, Frust abzulassen, Probleme zu lösen, sich Sachen besser zu merken und sogar dabei, sich selbst zu zügeln und zur Selbstkontrolle zu ermahnen. 96 Prozent aller Erwachsenen sprechen einer Untersuchung zufolge immer noch hin und wieder mit sich selbst.[4] Sie merken es nur nicht. Denn sie tun es vor allem dann, wenn sie alleine sind oder sich zumindest alleine wähnen: in der Dusche etwa oder im Auto.

Forscher um Thomas Brinthaupt von der Middle Tennessee State University in Murfreesboro haben versucht, mithilfe der sogenannten «Self-Talk Scale» zu erklären, welche vier grundlegenden Funktionen das Selbstgespräch haben kann. Demnach wird es oftmals genutzt, um sich selbst zu bestätigen und zu loben oder aber um sich selbst zu regulieren – etwa indem man sich im Selbstgespräch daran erinnert, was man nicht vergessen darf oder noch zu erledigen hat. Aber auch Selbstkritik ist ein recht häufiges Thema, wenn Erwachsene mit sich selbst sprechen, und Brinthaupt nach können diese dann sehr streng mit sich sein. Die vierte Funktion besteht darin, soziale Situationen einzuschätzen, also sich zum Beispiel genau zu überlegen, was man bei einer Beerdigung sagen will, und das mehrfach im Kopf durchzugehen.

Von Brinthaupt stammt auch der Befund, dass Menschen, die mehr mit sich selbst reden, stärker auf sich selbst bezogen sind – und das Selbstgespräch meist nutzen, um ihre Stimmung zu verbessern. Dazu passt eine Studie der Psychologin Corinna Reichl von der Universität des Saarlandes, in der die Probanden nach der Häufigkeit gefragt wurden, mit der sie Selbstgespräche führen. Dieser Befragung zufolge sprechen Singles deutlich häufiger mit sich selbst als Menschen, die einen Partner haben.[5] Das habe nicht nur, aber auch mit Gefühlen von Einsamkeit zu tun: Wer einsam sei, nutze das Selbstgespräch demnach öfter, um sich nicht mehr einsam zu fühlen – eine fünfte Funktion gewissermaßen. Die Wissenschaftlerin fand auch heraus, dass beim Selbstgespräch die gleichen Regionen im Gehirn aktiviert werden wie bei einem Gespräch mit anderen Menschen.

Einige Singles haben das Selbstgespräch sogar kultiviert und perfektioniert. Auf der Seite der *NEON*-Singles berichtet zum Beispiel eine Frau, dass sie zu Hause gern Selbstgespräche auf Englisch führt und dabei manchmal so tut, als würde sie ein YouTube-Video drehen – auch wenn sie niemals wirklich eines online stellen würde.[6] Eine andere schreibt dazu: «Das mit den Selbstgesprächen kenne ich! Ich sitze tatsächlich zu Hause und führe imaginäre Diskussionen, sowohl auf Deutsch als auch auf Englisch.»

Um es gleich dazuzusagen: Sorgen muss man sich um die meisten von ihnen nicht machen. Zwar ist für viele der Zusammenhang zwischen Selbstgesprächen und psychischen Problemen sehr präsent, doch pathologisch wird es erst, wenn Erwachsene auch im öffentlichen Raum lange und laute Selbstgespräche führen, und auf die Irritation, die sie damit bei ihrem Umfeld bewirken, nicht reagieren. Das ist nämlich ein Hinweis darauf, dass es sich gar nicht um wirkliche Selbstgespräche handelt, sondern um imaginäre Gespräche mit anderen, Verstorbenen etwa oder Stimmen, die Menschen zum Beispiel im Rahmen einer paranoiden Schizophrenie hören.

Für alle anderen aber gilt: Wer mit sich selbst sprechen mag, kann das gerne bedenkenlos tun – Nachteile hat es keine, dafür einige Vorteile. Selbstgespräche motivieren, fokussieren, bieten ein Ventil für schlechte Gefühle und machen vor allem in komplexen Situationen leistungsfähiger. Und wenn dann noch eine Portion Humor dazukommt, bleibt die gute Laune auch bei jenen erhalten, die sich vielleicht ab und zu einsam fühlen. Wie in diesem Beispiel hier: Im Netz schreibt jemand: «Wenn ich (Single) nach Hause komme, rufe ich oft in die leere Wohnung: ‹Ich bin wieder daha!› Und dann antworte ich mir selbst mit einer Erzählerstimme wie aus einem Film: ‹Aber niemand antwortet.› Das finde ich dann selbst so lustig, dass ich mich gar nicht einsam fühle!»[7]

3 Einsame Gegenstände

Sich in andere hineinzuversetzen, ist etwas, das Menschen ganz automatisch tun, schon vom Vorschulalter an. Nicht jeder kann es gleich gut, aber jeder Einzelne hat zumindest eine Ahnung davon, was das Gegenüber, mit dem man gerade zu tun hat, in diesem Moment denken und fühlen könnte. Die Perspektive anderer einnehmen zu können, war im Lauf der Geschichte für das Überleben der Menschheit essenziell, vor allem für das eigene, aber oft sogar für das einer gesamten Gruppe. Denn ohne zu wissen, was im anderen gerade vorgeht, lassen sich dessen Ziele und Absichten nicht einschätzen und vorhersagen – und das kann im Zweifel sogar gefährlich werden.

US-Psychologen um Paula Niedenthal von der University of Wisconsin konnten feststellen, dass Menschen dazu – unbewusst und nur wenige Hundert Millisekunden lang – den Gesichtsausdruck anderer spiegeln, wenn sie ihnen gegenüberstehen.[8] Lächelt das Gegenüber, lächelt man selbst. Runzelt das Gegenüber die Stirn, tut man es selbst für einen sehr kurzen Moment auch. Das geht so schnell, dass weder man selbst noch das Gegenüber es überhaupt bemerkt. Aber es hilft einem zu verstehen, wie es dem anderen gerade vermutlich geht und ob es eine gute Idee ist, sich ihm zu nähern – oder ob man sich vielleicht lieber von ihm fernhalten sollte.

Das emotionale Spiegeln ist eine Art Kompass, der es einem ermöglicht, sich in sozialen Situationen schnell und sicher zu bewegen, ohne andere vor den Kopf zu stoßen, etwas Unpassendes zu sagen oder blindlings in eine unangenehme Situation zu geraten. Sich in die Perspektive von anderen hineinzudenken, ist eine Kernkompetenz des Menschen. Er kann selbst dann Stimmungen auffangen und interpretieren, wenn er seinem Gegenüber nicht direkt begegnet, sondern ihn nur im Fernsehen sieht, oder per Email mit ihm kommuniziert.

Das funktioniert sehr gut, aber nicht ganz fehlerfrei. Wenn man gerade selbst sehr emotional ist, dann ist einem die Sicht auf den anderen etwas verstellt. Wer beispielsweise richtig schlecht gelaunt ist, der ist für das Lächeln anderer weniger empfänglich und hat das Gefühl, alle um ihn herum seien auch schlecht drauf. Genauso ist es mit Themen, die Menschen beschäftigen: Sie glauben diese auch häufiger bei anderen zu entdecken. Das kommt zum einen daher, dass man den Dingen, die einem wichtig erscheinen, mehr Aufmerksamkeit schenkt – bei allen Sinneseindrücken. Zum anderen liegt es aber auch daran, dass Menschen gerade ihre eigenen eher unangenehmen Empfindungen und Probleme gern auf andere projizieren, ein Abwehrmechanismus, der in diesem Buch bereits vorkam. Man sieht bei anderen also oftmals die Gefühle oder Zustände, die man bei sich selbst lieber ignoriert oder die man sich nur sehr ungern eingesteht.

Aus diesem Bedürfnis des Menschen, sich ständig in andere hineinzuversetzen und dabei auch immer ein wenig von sich selbst zu sehen, resultiert auch die ein oder andere Macke – besonders dann, wenn der andere kein Mensch ist. Im Netz gibt es reichlich Beispiele dafür, dass Menschen manchmal das Gefühl haben, die unbelebten Dinge, von denen sie umgeben sind, würden sich einsam fühlen. «Ich habe zwei Felder auf meiner Herdplatte», schreibt etwa jemand auf der spleen24-Plattform. «Wenn ich auf dem einen was koche und das andere unbenutzt bleibt, stelle ich auf die unbenutzte Platte immer einen Topf mit Wasser, damit sich der andere nicht so allein fühlt.»[9] Ein anderer kann es nicht ertragen, wenn in einer Packung von Süßigkeiten am Ende nur ein einziges Stück übrig bleibt. «Wenn eins übrig bleibt, habe ich ein schlechtes Gewissen und denke, ich hab es allein gelassen.»[10] Und ein Dritter berichtet:

«Immer wenn ich Gegenstände aufräume, darf keiner alleine in einer Ecke oder sonst irgendwo stehen.»[11] Dieser würde sich sonst allein fühlen, und er bräuchte doch jemanden, der ihm Gesellschaft leistet.

Projizieren Menschen vielleicht ein Quäntchen ihrer eigenen Einsamkeit auf die Küchengeräte, Haushaltsgegenstände und Süßigkeiten, von denen hier die Rede ist? Möglich ist es. Warum sollten sich Gegenstände schließlich einsam fühlen? Es macht die Besitzer auf jeden Fall sehr sympathisch, dass sie sich für das Wohl ihrer unbelebten Besitztümer so verantwortlich fühlen. Bei manchen geht das sogar weit genug, um sich für das soziale Wohl der Geräte einzusetzen, die eigentlich gar nicht mehr benutzt werden. «Meine Marotte ist es, alte Elektronik wie Handys, GPs und Digicams, die mich nie im Stich gelassen haben, ab und zu wieder einzuschalten, weil ich denke, die sind traurig, weil ich sie nicht mehr nutze, durch Neues ersetzt und in die Ecke gelegt habe.» Ab und zu schaltet derjenige eines der alten Geräte deswegen noch ein – und beruhigt es dann, als wäre es ein aufgeschrecktes Baby. «Ist ja gut, ich bin noch da», sagt er dann leise zu ihm.[12] Und vielleicht auch ein bisschen zu sich selbst.

4 Nervige Mitmenschen

Wo Menschen sind, da sind auch Geräusche. Und weil Menschen Ohren haben, kommen all die Geräusche, die Menschen produzieren, auch bei anderen Menschen an. Das Hören scheint bei oberflächlicher Betrachtung eine simple Angelegenheit zu sein: Schallwellen treffen auf das Ohr, werden von ihm aufgenommen und an das Gehirn weitergeleitet. Dort werden die Schallwellen in Geräusche umgewandelt und interpretiert. Aber wie dieses Buch schon an mehreren Stellen gezeigt hat, ist das, was auf den ersten Blick simpel aussieht, auf den zweiten Blick meist doch etwas komplizierter. So ist es auch hier.

Das Hören ist eine sehr individuelle Angelegenheit. Wird man auf einer lauten Party angesprochen, gelingt es meist, sich trotz des Lärms darauf zu konzentrieren, was das Gegenüber sagt. Auch das Weinen des eigenen Babys scheint immer laut genug zu sein, um es zu hören – das anderer Babys dagegen hört man nicht. Wer die erste Nacht in einem Haus neben der Autobahn schläft, wird Probleme damit haben, Ruhe zu finden, während andere, die dort schon lange leben, die Autos gar nicht mehr wahrnehmen.

Wissenschaftler erklären dieses Phänomen mit dem sogenannten Cocktail-Party-Effekt: Er beschreibt die Fähigkeit, selektiv zu hören, also aus den vielen Schallquellen im Alltag ganz bestimmte herauszufiltern und in den Vordergrund zu stellen. Auf einer Cocktailparty bekommen es Menschen etwa ziemlich gut hin, sich nur auf die Worte ihres Gegenübers zu konzentrieren, solange sie mit ihm reden, und alle anderen Stimmen fast vollständig auszublenden. Die Schallquelle, auf die man sich konzentriert, wirkt auf diese Weise etwa zwei- bis dreimal so laut wie alle anderen Umgebungsgeräusche.

Der Cocktail-Party-Effekt zeigt, wie das Gehör alles, was bei ihm ankommt, ständig sortiert, filtert und bewertet. Und zwar vor allem danach, ob das, was dort als Schallwelle ankommt, irgendeine Bedeutung hat. Jedes neue Geräusch führt dabei zunächst zu einer Orientierungsreaktion: Die Aufmerksamkeit richtet sich auf diesen Reiz wie ein Scheinwerfer. Wird er für bedeutungslos befunden und tritt häufiger auf, dann wird diesem Reiz jedes Mal ein bisschen weniger Aufmerksamkeit geschenkt, bis er schließlich gar nicht mehr wahrgenommen wird. Man gewöhnt sich an ihn. Diese Gewöhnung hat zwei große Vorteile: Erstens belastet man das Gehirn weniger, wenn man ihm Geräusche erspart, die ohnehin irrelevant sind, und zweitens schützt die Gewöhnung vor einer Überlastung und Stress aufgrund einer zu starken Geräuschkulisse.

Es gibt aber auch den umgekehrten Effekt, die Sensibilisierung. Sie ist genauso notwendig wie die Gewöhnung, weil sie es ermöglicht, auf sehr wichtige Geräusche schnell zu reagieren. Und wichtig heißt in der Sprache des Gehirns vor allem: emotional bedeutsam. Das Gehirn speichert bevorzugt Ereignisse, die zum Beispiel ängstlich, wütend oder traurig gemacht haben, und behandelt Reize, die an solche Ereignisse erinnern, später bevorzugt. Eltern etwa hören ihr Kind viel früher weinen als andere – weil alles, was mit ihrem Kind zu tun hat, emotional höchst bedeutsam für sie ist. So wird das Weinen bei den Eltern bevorzugt verarbeitet und das Geräusch von ihnen lauter empfunden als von anderen Menschen.

Was hat das jetzt alles mit Marotten zu tun, die entstehen, wenn man alleine ist? Laut einer Veröffentlichung des Milton Erickson Institutes in Hamburg zur Psychophysiologie des Hörens sind sozial isolierte Menschen in der Regel sehr geräuschempfindlich, manchmal geradezu geräuschphobisch. Jemand, der keinen Kontakt zu seinen Nachbarn habe, der höre sogar noch die Oma, die drei Stockwerke höher das Radio anstellt.[13] Und tatsächlich findet sich unter den Spleens von Singles und Alleinlebenden oft das Phänomen der Geräuschempfindlichkeit – also einer Unausgewogenheit zwischen der Gewöhnung und der Sensibilisierung für bestimmte Geräusche. Das kann passieren, wenn banalen Alltagsgeräuschen zu viel Aufmerksamkeit geschenkt und das mit einer emotionalen Relevanz verknüpft wird. Wer sich einmal über die etwas zu laute Musik des Nachbars aufregt, dessen Gehirn wird durch diese Aufregung auf jeden Ton aus der Wohnung nebenan beim nächsten Mal schneller reagieren und sie als noch störender wahrnehmen.

Lärmempfindlichkeit ist also nicht naturgegeben, sondern eine Folge davon, welchen Geräuschen in der Umgebung wie viel Aufmerksamkeit geschenkt wird. Alle Geräusche, die als emotional bedeutsam erachtet werden, so leise sie eigentlich sein mögen, werden dauerhaft verstärkt und somit immer lauter erscheinen, als sie es eigentlich sind. «Hyperakusis» nennen Experten diese Geräuschempfindlichkeit.

Bei manchen Menschen ist das Geräusch, das zu viel Aufmerksamkeit abbekommt, zum Beispiel das Klingeln des Telefons. «Ich bin so an meine Einsamkeit gewöhnt und beschäftige mich so intensiv mit mir selbst, dass mir andere schnell zu viel werden», schreibt hierzu jemand im Netz.[14] Das Telefonklingeln, als Medium der Kontaktaufnahme, steht für diese Person stellvertretend für andere Menschen und ist daher eher negativ besetzt.

Single Maria geht es ähnlich. Sie braucht absolute Ruhe in ihrem Alltag. Sie stören Geräusche nicht nur, wenn sie vom Telefon kommen. «Ich schlafe immer mit Ohrenstöpseln, obwohl hier wirklich nix laut ist. Atemgeräusche oder angeatmet werden – schrecklich! Selbst meine Katze wecke ich beizeiten, wenn sie schnarcht, trotz meiner Stöpsel.» Jeder Lärm sei ihr zuwider, und eine Party bei Nachbarn wecke bei ihr geradezu Mordgelüste.[15]

Es gibt durchaus gute Gründe, warum die Geräuschempfindlichkeit Menschen, die alleine leben, stärker und häufiger trifft als andere. Wie sehr ein Geräusch stört, hängt nämlich von zwei Bedingungen ab: ob man den Grund oder den Sinn des Geräusches kennt und ob man einen Einfluss auf das Geräusch hat. Wenn man also weiß, dass der Student nebenan Beethovens Neunte jeden Tag zehnmal hört, weil er demnächst eine wichtige Prüfung zu diesem Stück ablegen muss, erträgt man die Musik eher, als wenn man den Grund für die unzähligen Wiederholungen nicht kennt. Lebt man mit jemandem zusammen, dann stören einen selbst lautere Geräusche weniger, weil man ihre Ursache kennt und ihren Sinn versteht. Auch die mögliche Einflussnahme ist eher dann gegeben, wenn man mit jemandem zusammenwohnt: Man kann die Geräusche des Partners beeinflussen, da man ihn einfach darum bitten kann, leiser zu sein. Wenn man einen Einfluss auf das Geräusch hat, kommt es einem automatisch leiser vor.

Wer nicht allgemein geräuschempfindlich ist, sondern sich nur von ganz bestimmten Geräuschen gestört fühlt, der hat etwas, das die US-amerikanischen Neurowissenschaftler Pawel und Margaret Jastreboff auf den Namen «Misophonie» tauften, eine sogenannte selektive Geräuschintoleranz.[16] Das Wort kommt aus dem Griechischen und bedeutet wörtlich übersetzt «Hass auf Geräusche».

Bezeichnend ist, dass es sich bei diesen Geräuschen um solche handelt, die andere als ganz banal, alltäglich oder unerheblich bezeichnen würden. Die Atemgeräusche, die Maria stören, gehören beispielsweise dazu, aber auch Schluck- und Schmatzgeräusche, Räuspern, Husten und Schniefen. Es sind also nicht die Geräusche, die prädestiniert dafür sind, anderen den letzten Nerv zu rauben, wie etwa das Quietschen von Kreide auf einer Tafel oder das Kratzen von Messer und Gabel auf dem Teller – diese Geräusche finden so ziemlich alle schrecklich.

Eine Frau namens Ina berichtet im Netz zum Beispiel, dass sie laute Atem-, Kau- und Schluckgeräusche geradezu wahnsinnig machen. Jemand anderes vermag es kaum zu verkraften, wenn Leute in seiner unmittelbaren Nähe trinken. «Ich kann es nicht ertragen, diese Schluckgeräusche. Ich denk dann immer, das muss man doch hören, so laut wie das ist.»[17]

Die Misophonie ist keine psychische Störung, auch wenn es vor einigen Jahren vereinzelt Überlegungen gab, sie zu einer zu erklären. Misophonie ist eher ein kurioser Spleen als eine Beeinträchtigung mit Krankheitswert. Marotten rund um die Misophonie sind im Grunde ein Anzeichen dafür, wie sehr sich Menschen, wenn sie die Gelegenheit dazu haben, ihre eigene Welt zusammenbauen und aufrechterhalten, und zwar genau so, dass sie ihren Bedürfnissen voll entspricht. Wenn es um die Wahrnehmung geht, hört jeder nur das, was er will und braucht, seine eigene, personalisierte Welt – auch wenn er natürlich gleichzeitig davon überzeugt ist, einen objektiven Blick auf ebendiese zu haben.

5 Messie-Tendenzen

Als Jens B. klein war, verdiente er sein erstes eigenes Geld damit, Altstoffe zu verkaufen. Jens war zehn Jahre alt, seine Eltern nicht gerade reich, und Altstoffe zu sammeln war damals in der DDR, in einer Kleinstadt nahe Berlin, eine lukrative Freizeitbeschäftigung für Kinder. Man zog von Haus zu Haus und brachte in einem Leiterwagen stapelweise alte Zeitungen zur nächsten Sammelstelle. Das Altpapier brachte zwar nur ein paar Pfennige, doch bald entdeckte Jens, dass mit Pfandflaschen, den «westdeutschen» mit dem genoppten Rand, bis zu 2,10 DDR-Mark pro Stück zu holen war.

Die meisten Kinder sammelten damals eine Zeit lang Altpapier, doch der Reiz verflog bei vielen bald wieder. Jens aber sammelte weiter, das Altpapier ebenso wie die Pfandflaschen. Bis heute. Mittlerweile lebt er in Dresden und arbeitet als Ökonom. In seiner unmittelbaren Umgebung ist er oft mit dem Fahrrad unterwegs. Sein Blick ist inzwischen so trainiert, dass er jede Pfandflasche am Straßenrand sofort sieht, auch im Vorbeifahren. Und liegen lassen kann er sie nicht – außer die Pfandflasche findet sich mitten in der Innenstadt. Dort lässt er sie stehen, für die Leute, die das Geld wirklich brauchen, sagt er. Weil er trotzdem mehr als genug Pfandflaschen findet, die er mitnehmen muss, hat sich Jens inzwischen sogar einen zweiten Trinkflaschenhalter am Fahrrad zugelegt und eine zweite Fahrradtasche.

Wenn man ihn fragt, warum er das tut, obwohl er das Geld ja nicht mehr so nötig hat wie als Zehnjähriger, dann sagt er, es mache ihm einfach Spaß. Außerdem schütze es die Umwelt, aber auch Fahrradreifen und nackte Füße im Sommer. Und schließlich sei es zwar wenig, aber trotzdem bares Geld, das da auf der Straße liege.

Vermutlich ist es aber etwas komplexer. Ich glaube, für Jens ist das Flaschensammeln seit seiner Kindheit mit dem Gefühl von Autonomie und Selbstbestimmung verknüpft: Es gab ihm etwas finanzielle Unabhängigkeit von seinen Eltern. Und es ist sicher kein Zufall, dass er das Flaschensammeln vor allem mit dem Fahrradfahren verbindet, das ihm als Kind ebenfalls Freiheit und Selbstbestimmung ermöglichte, nämlich die, ohne die Hilfe anderer von A nach B zu kommen und dabei selbst weitere Strecken mühelos zu überwinden.

Menschen, die regelmäßig Flaschen sammeln, geht es in aller Regel zwar auch ums Geld, doch nicht ausschließlich. Der Soziologe Sebastian Jan Moser fand in einer der wenigen Untersuchungen zu dem Phänomen des Flaschensammelns heraus, dass die meisten Menschen angeben, aus dem Gefühl heraus zu handeln, damit etwas Sinnvolles, gesellschaftlich Nützliches zu tun.[18] Sicherlich werden jedoch die meisten von ihnen auch das Geld gut gebrauchen können.

Jens braucht es nicht mehr, er verdient inzwischen gut. Aber er genießt auch das Gefühl, mit jeder aufgesammelten Flasche etwas Gutes zu tun – und sich nebenbei so frei zu fühlen. Jens sammelt also auch aus Nostalgie: Sein Gehirn hat das Pfandflaschensammeln durch die Erlebnisse in der Kindheit so positiv in Erinnerung, dass es das Sammeln selbst dann noch als belohnend erlebt, wenn der tatsächliche monetäre Gewinn in den Hintergrund gerückt ist.

Grundsätzlich sammeln Menschen sehr gerne. Evolutionär betrachtet war das Sammeln neben dem Jagen die Tätigkeit, die das Überleben unserer Vorfahren sicherte. Wer genug Beeren oder Pilze sammelte und sie bestenfalls noch konservierte, hatte einen klaren Vorteil: In Zeiten der Not hatte er mehr zu essen, in Zeiten des Überflusses mehr zum Tauschen. Der Hang zum Sammeln ist daher tief im Menschen verankert, und die Lust daran hat sich bei einigen etwas verselbstständigt. Sie sammeln einfach um des Sammelns willen. So wie Jens seine Pfandflaschen sammelt, sammeln andere Panini-Bildchen, Muscheln oder Briefmarken.

Geht es dabei nur um einen bestimmten Gegenstand, nennen Forscher das «systematisches Sammeln». Andere sammeln zwar nicht absichtlich, können aber nichts wegwerfen. Sie horten Dinge, weil sie davon ausgehen, sie irgendwann noch einmal gebrauchen zu können, oder weil sie ihnen zu schade zum Wegwerfen sind. Das sind die «unsystematischen Sammler».

Christian K. aus Berlin-Kreuzberg gehört zu dieser zweiten Kategorie. So richtig mag er es gar nicht sammeln nennen, was er da tut, seiner Auffassung nach ist er einfach nur sehr gründlich mit allem. Und seine Zeitungen, Bildbände und Magazine, die möchte er sorgfältig durchsehen. Nur dauert es bei dem 42-Jährigen dann eben lange mit dem Lesen, sehr lange. Und weil Christian auf dem aktuellen Stand bleiben will, kommen jede Woche mehr Zeitungen hinzu. Es sieht bei ihm deswegen nicht unordentlich aus, denn Christian ist gleichzeitig ein sehr ordnungsliebender Mensch. Deshalb baut er aus seinen Zeitungen und Bildbänden große Stapel, und wenn sie mal stören sollten, dann räumt er sie von einer Ecke in die andere und wieder zurück. Manchmal denkt er sich zwar schon, dass man inzwischen sicher einiges davon wegwerfen könnte – aber so richtig kann er sich von dem bedruckten Papier, das er noch nicht genau durchgesehen hat, dann doch nicht trennen.

Natürlich ist es eine Illusion, dass der gründliche Christian jemals alle seine Zeitungsstapel abgearbeitet haben wird. Sie werden in Zukunft wohl eher noch größer und zahlreicher werden. Aber die Stapel geben ihm das Gefühl, dass er genau so gründlich ist, wie er es sein möchte, wie es ihm wichtig ist. Und das macht ihn glücklich. Denn für ihn ist es ein Grundbedürfnis, alles langsam und mit Zeit abzuarbeiten und zu wissen, dass er alles gelesen und berücksichtigt hat, was es zu lesen und zu berücksichtigen gibt. Seine Zeitungen sollte man ihm also nicht wegnehmen, außer man möchte riskieren, dass Christian unglücklich wird.

Bei ihm beschränkt sich die Horterei zum Glück auf Zeitungen. Bei manchen Menschen aber kann so ein kleiner Sammel-Spleen auch zu einem großen Messie-Syndrom heranwachsen, bei dem das Sammeln nach und nach ausufert. Manchmal so sehr, dass die Wohnung zunehmend unbewohnbar wird. Dann horten die Betroffenen wahllos alles, auch Dinge, die andere als komplett wertlos erachten würden. Sie können nicht mehr unterscheiden, welche Sachen brauchbar und welche unbrauchbar sind. Dass sie Probleme haben, diese Unterscheidung zwischen wichtig und unwichtig zu treffen, sieht man oft auch in anderen Bereichen ihres Alltags. Prioritäten zu setzen, ist beispielsweise nicht ihre Stärke.

Viele denken, dass Messies faul und undiszipliniert seien, weil sie nicht aufräumen – doch das stimmt nicht. Chronische Sammler sind häufig Perfektionisten, sie wollen einfach nur alles besonders gut und gründlich machen. So wie Christian seine Zeitungen nur sorgfältig durchsehen will, bevor er sie wegwirft. Es mag paradox klingen, aber der Wunsch, alles besonders gewissenhaft zu erledigen, führt in Christians Fall zu den vielen großen Stapeln, und bei anderen, weniger systematischen Sammlern dazu, dass sie womöglich am Ende den Überblick über ihre Sachen komplett verlieren.

Essen und Trinken

Bei den Spleens, die mit dem Essen zu tun haben, geht es immer um Gefühle – Gefühle, die das, was wir essen, in uns auslösen. Das merkt man oft nicht, denn diese Funktion kommt recht subtil daher – aber nur selten essen Menschen einfach nur, weil sie Hunger haben. Viele nutzen Essen ganz automatisch und meist völlig unbewusst als eine Art emotionales Regulativ. Es kann viele Funktionen haben: Trost und Belohnung, Aufmunterung und Motivation. Es kann beruhigen, befreiend wirken, es kann Rebellion ausdrücken oder den Wunsch nach Stabilität. Bestimmte Nahrungsmittel holen sehr verlässlich emotionale Zustände zurück, die man bereits kennt, mit dem Lebensmittel verbindet und sich gerade herbeisehnt.

Mit dem, was wir essen, und der Art, wie wir das tun, regulieren wir also unsere Stimmung. Weil es ohne Nahrung kein Überleben gibt, hat die Natur dafür gesorgt, dass die Aufnahme von Nahrung so viele gute und so viele unterschiedliche Gefühle auslösen kann – und deshalb sehr eng mit dem emotionalen Gleichgewicht des Menschen verknüpft ist. Viele von denen, die alleine leben, nutzen unbewusst diese ausgleichende Funktion des Essens besonders intensiv, wie man an den Marotten und Ticks in diesem Kapitel sehen kann. Zwar können auch andere, nahestehende Menschen dabei helfen, die eigenen Gefühle zu regulieren, wenn aber gerade niemand da ist, dann funktioniert das eben auch wunderbar über etwas Süßes, zum Beispiel.

Nahrungsmittel haben aber nicht nur die Eigenschaft, bestimmte Gefühle hervorzurufen, zu verstärken oder abzumildern. Es gibt noch einen zweiten Grund, warum das Essen besonders häufig von jenen instrumentalisiert wird, die alleine leben: Alles, was mit Nahrungsmitteln und ihrer Zubereitung zu tun hat, signalisiert, dass man sich um sich selbst kümmert, dass man die eigenen Bedürfnisse erkennt und ernst nimmt, dass man sich selbst etwas Gutes tut. Die Werbung spielt genau mit diesem «Wellness-Effekt» des Essens, nämlich damit, wie gut es tut, sich eine Auszeit zu nehmen, die Seele baumeln zu lassen und den Rest der Welt für eine kurze Zeit komplett auszublenden. Am Ende steht immer das schöne, wohlige Gefühl, satt und gleichzeitig zufrieden und ausgeglichen zu sein.

Es gibt ein Gefühl, das dabei besonders heraussticht: Fürsorge. «Liebe geht durch den Magen», das mag abgedroschen klingen, doch zumindest im psychologischen Sinne trifft es vollkommen zu. Essen ist, beim Menschen genauso wie bei allen anderen Säugetieren, die lange von ihren Eltern abhängig sind, bis sie selbstständig leben können, sehr stark mit dem Gefühl von Liebe und Zuneigung verknüpft. Das liegt daran, dass das Versorgen mit Nahrung der erste große Beweis dafür ist, dass die Eltern zuverlässig und vertrauenswürdig sind. Im Idealfall sorgen sie dafür, dass ihr Nachwuchs nicht hungert, sie gehen für ihre Kinder jagen oder sammeln und füttern sie, solange es eben nötig ist. Das Konzept des Vertrauens, Psychologen sagen auch der emotionalen Bindung, ist deshalb besonders eng mit den Menschen verknüpft, die uns mit Nahrung versorgen, das ganze Leben lang. Nicht ohne Grund lädt man Menschen, die man zu Freunden machen will, ausgerechnet zum Essen zu sich ein. Und nicht ohne Grund beginnt die Zähmung eines jeden Tieres damit, dass es sich füttern lässt. Wer andere versorgt, gewinnt ihr Vertrauen.

Das ist der Grund dafür, dass es Gerichte gibt, die dafür sorgen, dass wir uns aufgehoben, sicher und geborgen fühlen. Diese Gefühle rühren von den ersten Erfahrungen, die wir mit dem Essen gemacht haben – und sie sind so wichtig für das Überleben gewesen, dass sie ein Leben lang fest verknüpft bleiben mit den Menschen und Situationen, die wir damit in Verbindung bringen. Deshalb ist es oft auch so wichtig, dass bestimmte Speisen, die mit einer solchen emotionalen Bedeutung aufgeladen sind, immer gleich schmecken. Denn nur so können wir zuverlässig die schönen Gefühle von damals zurückholen.

Auch damit spielt die Werbung, und ganze Marken gründen ihr Image darauf. Sie verkaufen Suppe in der Dose, angeblich nach einem alten Rezept von Oma, oder sie bauen ihre Fast-Food-Kette darauf auf, dass es zwar nur wenige Gerichte gibt, die aber garantiert immer gleich schmecken, egal in welchem Land der Welt man sie gerade zu sich nimmt. Das Erstaunliche ist: Es funktioniert. Das Bedürfnis der Menschen nach Essen, das der Seele guttut, ist groß, und so kaufen sie «Omas Suppe» in der Dose – auch wenn sie eigentlich rein gar nichts mehr mit Oma zu tun hat.

1 Seelennahrung

Ich bin ganz ehrlich: An Tagen, an denen einfach alles schiefläuft, an denen ich niemanden mehr sehen will und mich am liebsten wie ein Kind, dem es zu viel wird, vor der Welt verkriechen möchte, an solchen Tagen gibt es eine einzige Sache, die mich wieder mit der Realität versöhnen kann: Grießbrei. Wenn ich diesen süßen, warmen Pamps esse, beruhige ich mich sofort, und die Welt wird wieder zu einem lebenswerten Ort. Es ist fast magisch. Psychologen nennen solches Wohlfühlessen auch «Comfort Food»: Seelennahrung, Essen, das tröstet.

1966 tauchte der Begriff zum ersten Mal auf, in der *Palm Beach*

Post, einer Zeitung in Florida. «Wenn Erwachsene unter akutem emotionalen Stress leiden, wenden sie sich ‹Comfort Food› zu – Essen, das mit der Sicherheit der Kindheit assoziiert wird», stand dort. Gerichte, die nach Glück schmecken, so formulierte es Starkoch Jamie Oliver in seinem 2014 erschienenen gleichnamigen Kochbuch. Hühnersuppe ist ein typisches Beispiel dafür, aber auch anderes, vor allem Fett- und Zuckerhaltiges, wird unter Stress oft zum Wohlfühlessen, wie Wissenschaftler nachweisen konnten. Dabei spielt zum einen eine Rolle, welche Erfahrung man mit dem Essen bereits gemacht hat, welche Gefühle und Erinnerungen in der Biografie mit ihm verknüpft sind.

Zum anderen scheinen Zucker und Fett das Stresssystem auch ganz unabhängig von den persönlichen Erfahrungen zu beruhigen, indem sie das Belohnungssystem im Gehirn anregen, also in Erwartung des Essens den Pegel des Glückshormons Dopamin stark ansteigen lassen. «Comfort Food» rückt die Welt in unruhigen Zeiten wieder so zurecht, dass man gut mit ihr auskommen kann. Das Wohlfühlessen ist eine Art Korrektiv, wenn es einem nicht gut geht, und ein Stabilisator, wenn man seine emotionale Befindlichkeit halten will.

Mithilfe von Essen die Seele zu streicheln, bietet sich besonders für jene an, auf die abends niemand zu Hause wartet, der bereit ist, sich die Sorgen und Nöte des Tages anzuhören. Wenn es keinen Partner gibt oder er nicht da ist, um Stress, Rückschläge oder Enttäuschungen aufzufangen, dann kann diese Funktion auch das Wohlfühlessen übernehmen. Singles und jene, die nicht mit ihrem Partner zusammenleben, müssen da also ein bisschen kreativer werden als andere – und tun das in der Regel auch, ohne dass es ihnen überhaupt bewusst wird. Der Designer Samuel T. etwa rückt jeden Abend seine Welt mit einer kohlenhydratreichen Pizza zurecht. Am Anfang jeder Woche knetet er einen dicken Teig, sieben Tage muss dieser reichen. Jeden Abend nimmt er ein Stück dieses

Teiges und backt die eine, immer gleiche Pizza daraus: Auf eine Schicht Tomaten folgen ausgepresster und gezupfter Mozzarella, darauf eine Schicht Pilze. Obendrauf Artischocken – fertig. Ganz wichtig ist dem 33-Jährigen, dass nichts, aber auch gar nichts an dieser Pizza verändert wird. Tagsüber könne er die ganze Welt auf den Kopf stellen und alles Chaos in seinem Leben zulassen, sagt er, «aber abends brauche ich die Pizza jedes Mal exakt so, wie ich sie kenne und liebe». Samuel liebt Ordnung, jedoch hat er die als Designer in seinem Büro tagsüber leider überhaupt nicht: Überall wird gewerkelt, Materialreste und Zeichnungen liegen kreuz und quer verstreut. Das stresst ihn. Seine immer gleiche Pizza jeden Abend mag auf Dauer nicht gesund sein, aber für ihn ist sie Seelennahrung. Sie ist der Tröster, der ihm zuflüstert: Siehst Du, es gibt doch noch Ordnung und Struktur in dieser chaotischen Welt.

Nicht immer ist «Comfort Food» so einfach und eindeutig zu erkennen wie bei Samuel. Bei anderen zeigt sich Wohlfühlessen eher daran, dass bestimmte Gerichte oder bestimmte Lebensmittel nur in ganz bestimmten Kontexten schmecken, also dorthin «gehören». Manch einer liebt es, morgens im Büro ein Schoko-Croissant zu essen, würde aber zu Hause nie auf die Idee kommen – und das Croissant würde dort auch irgendwie anders schmecken. Auch so ein kleiner Spleen ist ein Zeichen dafür, dass das Essen, in diesem Fall das Croissant, noch für etwas anderes steht als für seinen bloßen Nahrungswert oder ein simples «Mag ich» oder «Mag ich nicht».

Wie die guten Gefühle aber überhaupt ins Essen kommen, haben Jordan Troisi und Shira Gabriel von der State University of New York untersucht.[1] Die zwei Psychologen fanden heraus, dass «Comfort Food» Schaltkreise im Gehirn anspringen lässt, die das Konzept sozialer Beziehungen aktivieren. Anders gesagt: Die Hühnersuppe, die die Forscher in ihrer Studie verwendeten, erinnerte die Versuchsteilnehmer an gute Gefühle wie Geborgenheit und Trost, die früher damit verbunden waren, diese Suppe zu bekommen –

etwa wenn man krank war und sich andere um einen kümmerten. In einer anderen Untersuchung zeigte die gleiche Forschergruppe, dass es dabei ursprünglich weniger auf das Essen ankam als auf den Koch.[2] Hat man zu ihm in der Kindheit eine gute Beziehung gehabt, springt die zwischenmenschliche Wärme gewissermaßen auf das Essen über, das man oft von diesem Menschen bekommen oder mit ihm zusammen gegessen hat.

Wenn ein bestimmtes Gericht immer wieder mit solch einem guten Gefühl verbunden wird, merke das Gehirn sich dies und knüpfe bald eine feste Verbindung zwischen dem Essen und dem guten Gefühl. Letzteres wird künftig immer mit abgerufen, wenn man an sein Wohlfühlessen denkt. Dies ist wieder ein Fall von «embodied cognition», wie es uns schon im ersten Kapitel beim Badewannenspleen begegnet ist: Körperliche Empfindungen werden dabei fest mit einem abstrakten Konzept wie zum Beispiel «Trost» verknüpft. So könne man zu ganz bestimmten Lebensmitteln eine Art emotionale Beziehung aufbauen, schlussfolgern die Wissenschaftler. Das habe vor allem eine Funktion: Es lindert – ganz ähnlich wie die Badewannenfreuden – Gefühle von Isolation und Einsamkeit schnell und nachhaltig. Für Leute ohne Partner also die perfekte Kompensationsstrategie. Die Seelennahrung kann für jeden anders aussehen und an ganz bestimmte Situationen gebunden sein. Während es für mich Grießbrei ist, der die Welt wieder lebenswert macht, ist es für Samuel seine immer gleiche Pizza, die ihm ein Gefühl von Sicherheit und Geborgenheit vermittelt.

Eine andere Untersuchung von Forschern der Cornell University zeigte, dass Männer und Frauen durchaus zu unterschiedlichen Nahrungsmitteln greifen, wenn sie sich besser fühlen wollen.[3] Männer bevorzugen warme, herzhafte Gerichte wie eine kräftige Suppe oder ein Steak, Frauen dagegen eher Süßes wie Schokolade oder Eis. Interessant ist, wie Männer und Frauen diese Wahl begründen: Während Männer sich durch eine kräftige Suppe daran erinnert fühlen, wie sich jemand um sie sorgt und kümmert, erinnert Frauen die gleiche Suppe eher an die ganze Arbeit, die entsteht, wenn man sie zubereitet. Im Wohlfühlessen spiegeln sich also sogar geschlechtstypische Rollenerwartungen oder Erfahrungen wider. Und noch einen Unterschied gibt es zwischen Männern und Frauen, wie eine weitere Studie aus dem gleichen Labor zeigt: Während Männer eher zu «Comfort Food» greifen, um sich noch besser zu fühlen, als sie es ohnehin schon tun, essen Frauen dann «Seelennahrung», wenn es ihnen schlecht geht, etwa wenn sie sich einsam fühlen oder traurig.[4]

Samuel geht es ohne Zweifel besser, nachdem er abends seine Pizza gegessen hat. Nachdem Freunde ihm aber gesagt haben, dass das schon seltsam sei mit seiner «Pizzabelegungsmacke», übt der Designer jetzt einmal pro Woche, seine Pizza mit etwas anderem zu belegen. Das gute Gefühl gehe dabei leider flöten, sagt er, denn die Pizza schmecke natürlich nicht so gut wie sonst. Aber er wolle lernen, dass es keine Katastrophe ist, wenn die Dinge mal etwas anders laufen als ursprünglich geplant. Mit der Unterstützung seiner Freunde wird das auch klappen. Seine Pizza mit Mozzarella, Pilzen und Artischocken aber wird trotz dieser Übung wohl noch einige Zeit lang das bleiben, was sie für Samuels Gehirn momentan unbestreitbar ist: die beste Pizza der Welt.

2 Vitaminzähler

Wenn einer Energie hat, dann ist es Alexander S., ein Schlagzeuger und Percussionist aus Berlin. Als Kind galt er als hyperaktiv, und noch immer zappelt, redet, pfeift und trommelt er unablässig, wo er geht und steht. In fünf verschiedenen Bands spielt er derzeit und ist deshalb ständig unterwegs von Probe zu Probe. Dabei schleppt er mal mehr und mal weniger Trommeln mit sich umher, immer jedoch seine «Zauberkiste», eine große Tasche, aus der er während eines Auftritts allerlei wunderliche Instrumente hervorzaubert, die man sonst noch nirgendwo gesehen und gehört hat. Alex hat wegen seines Jobs, der Schlepperei und aufgrund seines zappeligen Wesens ohne Zweifel einen hohen Energieverbrauch. Er wohnt in einer WG, jeder ist dort für sich allein verantwortlich, und eine Freundin hat Alex zurzeit nicht. Daher achtet er auf sich und kümmert sich um sich selbst, so gut er es eben kann. Manchmal sogar ein bisschen zu viel. Er will sich gesund ernähren. Schließlich muss er körperlich fit sein, um das Getrommel anderthalb Stunden auf der Bühne durchzuhalten. Und wenn Alex trommelt, dann trommelt er mit Leib und Seele.

Also schleppt er zusätzlich zu seinen Instrumenten drei Liter Mineralwasser mit sich herum. Nicht mehr, aber vor allem nicht weniger. Schlagzeuger sind durstige Menschen, erklärt er, und nicht immer sei ein Supermarkt in unmittelbarer Nähe der doch häufig am Stadtrand auf stillgelegten Industriegeländen gelegenen Proberäume. Viel trinken ist ihm wichtig, und mit den Flaschen hat er einen genauen Überblick darüber, wie viel es an dem jeweiligen Tag schon war.

Wer genauer in Alex' Taschen schaut, findet dort aber noch etwas anderes. Man mag kaum glauben, dass noch mehr hineinpasst, doch tatsächlich schafft der Schlagzeuger es irgendwie, noch Unmengen von Obst dort hineinzustopfen. Ja, er habe eine «Vitaminmacke», gibt er unumwunden zu. Er sorge sich einfach, zu wenig Vitamine zu sich zu nehmen, und deshalb habe er immer einiges zur Auswahl dabei.

Das erinnert mich an André B., einen Freund, den die gleiche Sorge umtreibt, der aber leider Obst gar nicht gern isst. Deshalb hat er das Gefühl, mit Vitaminen chronisch unterversorgt zu sein. In seiner Küche finden sich mehrere Packungen Vitaminpräparate, Vitamin C, Calcium, Eisen. Die nimmt er alle abwechselnd zu sich. Und wenn er krank ist, verdoppelt er die Dosis. Einen richtigen Überblick darüber, welches Vitamin oder Mineral genau ihm fehlen könnte und wie viel er dann zusätzlich einnehmen müsste, hat er allerdings nicht. Aber darum geht es auch gar nicht, wie er selbst zugibt. Es geht um das gute Gefühl, etwas für sich getan zu haben. Und Vitamine kann man schließlich nie genug haben, oder?

Eine Anekdote, die um das Leben und Sterben des englischen Chemikers Basil Brown kursiert, sagt da etwas anderes. Der Wissenschaftler hielt Obst und vor allem Karottensaft, der das wertvolle Vitamin A enthält, für den Garant eines langen Lebens schlechthin. Bis zu viereinhalb Liter Möhrensaft soll er deshalb täglich getrunken haben. Sein Speisezettel vermerkte zum Frühstück Obst und Karottensaft, zum Mittagessen Karottensaft und Obst, zum Abendbrot dann Tomaten, Käse, Eier – und Karottensaft. Basil Brown erreichte dennoch nur das eher bescheidene Alter von 48 Jahren. Ein Gerichtsmediziner sagte aus, Brown habe sich durch seinen Vitamintick im Jahr 1974 zu Tode getrunken: Er starb an einer Leberzirrhose, vermutlich verursacht durch ein Übermaß an Vitamin A. Weil der Körper es nicht ausscheiden kann, speichert er es in der Leber, die darauf mit einer krankhaften Vergrößerung reagieren kann.

Heute weiß man: Vermutlich waren es nicht die Karotten selbst, die Brown zum Verhängnis wurden. Denn sie enthalten zwar Betakarotin, die Vorstufe des Vitamin A, doch der Körper müsste es erst dazu umwandeln – was er jedoch nicht tut, wenn es im Übermaß vorhanden ist. Basil Brown starb daher vermutlich an Vitamintabletten mit Vitamin A, die er nachgewiesenermaßen zusätzlich einnahm.

Natürlich ist Basil Brown ein extremes Beispiel, aber 28 Prozent der Deutschen greifen der Nationalen Verzehrsstudie von 2008 zufolge regelmäßig zu Vitamin-Supplementen.[5] Die groß angelegte Studie ergab auch, dass die meisten Befragten, obwohl sie mehr Fett und Zucker und weniger Obst und Gemüse aßen als empfohlen, trotzdem keinen Vitaminmangel aufwiesen, sondern Werte hatten, die – entsprechend der Empfehlungen der Deutschen Gesellschaft für Ernährung – im Normbereich lagen. Marotten wie jene von Alex und André haben also wenig mit der Realität zu tun, sondern dienen vor allem der Beruhigung des schlechten Gewissens, sich zu wenig um sich zu kümmern, zu ungesund zu leben, zu nachlässig mit sich selbst und dem eigenen Körper zu sein.

Das schlechte Gewissen wird zum Teil vermutlich durch die übermäßige Konzentration auf ein gesundes Leben geschürt, die derzeit den Zeitgeist prägt. So warnte die Deutsche Gesellschaft für Endokrinologie kürzlich bereits vor der Orthorexie, die inzwischen von Psychologen und Psychiatern als mögliches neues Krankheitsbild diskutiert wird. Von «Orthorexie» spricht man, wenn jemand sich übermäßig stark auf eine gesunde Ernährung fixiert und vermeintlich ungesundes Essen um jeden Preis meidet.

Ein wählerisches Essverhalten verkompliziert den Alltag natürlich etwas, bei den meisten aber bleibt es dabei. Ihre Lust auf Gesundes nimmt also vielleicht amüsante oder spleenige Züge an wie bei Schlagzeuger Alex, beeinträchtigt aber das soziale Leben nicht weiter. Nur bei einigen Betroffenen nimmt der Fokus auf die Gesundheit mit der Zeit einen Zwangscharakter an, der so stark wird, dass die Betroffenen irgendwann mitunter mehrere Stunden täglich damit verbringen, Vitamingehalt und Nährwerte ihrer Lebensmittel zu bestimmen und zu kontrollieren. Das Verhalten ähnelt dem bei einer Magersucht, nur dass nicht unbedingt ein bestimmtes Schlankheitsideal im Zentrum der Begierde steht, sondern ein sehr ausgeprägtes Gesundheitsideal.

Bei Alex und André muss man sich in dieser Hinsicht zum Glück keine Sorgen machen. Beide verspüren keinen Leidensdruck und kümmern sich um ihre Vitaminbomben dann doch eher nebenbei. Vielleicht profitieren sie aber trotzdem von einem Effekt: Die Kontrolle über das eigene Verhalten, die auch für ihre Marotten zumindest in Maßen nötig ist, steigert nämlich nebenbei das Selbstwertgefühl.

3 Der Teller als Bühne

Wer jetzt denkt, dass die anderen Mahlzeiten des Tages von Marotten verschont werden, der irrt. Kurt D. zum Beispiel würde von sich selbst sagen, dass er ein Gourmet ist. Der Rentner liebt gutes, hochwertiges Essen und kocht leidenschaftlich gern. Im Bekanntenkreis gilt er als Experte für das «Komponieren von Saucen», wie er sagt. Komposition ist ebenfalls das richtige Wort, wenn es um die optische Gestaltung seiner Kreationen geht.

Denn nicht nur sein Gaumen, auch seine Augen sind empfindlich: Ist das Essen auf dem Teller nicht «ästhetisch ansprechend» angerichtet, dann vergeht ihm schnell der Appetit. Kurt selbst drapiert das Essen so, wie man es aus Kochzeitschriften kennt: in kleinen Häppchen. Ein bisschen Fleisch, dazu dekorativ Böhnchen, und ein, vielleicht zwei Kartoffeln. Und bloß nicht zu viel von allem! «Von einem übervollen Teller kann ich nicht essen», sagt er. Bei den Soßen ist er ebenfalls empfindlich – wohl ein Grund, warum er diesen Part beim Kochen und Servieren oft selbst übernimmt. Ein Klecks reicht, es soll ja kein Gematsche werden. Und zwei Soßen vermischen, Mayonnaise und Ketchup auf einem Teller zusammen? Da stellen sich bei ihm die Nackenhaare auf. Wenn sich Kurt Nachschlag holt, zum Beispiel im Urlaub am Frühstücksbüfett, dann auf einem sauberen Teller, denn eingetrocknete Speisereste auf dem Teller ekeln ihn fürchterlich. Dafür musste er sich schon oft verärgerte Blicke des Personals gefallen lassen, sagt er.

Aber für einen appetitlich wirkenden Teller nimmt er das gerne in Kauf.

Verstehen würde ihn Jens G., denn er hat ebenso gehobene Ansprüche an die Optik seines Essens. Jens ist Tontechniker und lebt alleine, kocht aber wie Kurt gern und oft. Er kann nicht verstehen, wenn Leute von «unordentlichen» Tellern essen. Dass das Essen kreuz und quer auf dem Teller verteilt liegt, so etwas käme bei ihm nicht vor. Sorgfältig reiht er die Kartoffeln nebeneinander an den Rand des Tellers, mit etwas Abstand das Gemüse in gleicher Manier, daneben dann, sodass es rechter Hand liegt, das Fleisch. Das schneidet er als Erstes in etwa gleich große Stückchen, die er ebenfalls an den Rand bugsiert und dort aufreiht. Aus diesem Halbmond aus Essen wählt Jens dann jeweils ein bisschen von Kartoffeln, Beilage und Fleisch aus. Jeder Happen, so zusammengestellt, bekommt am Ende in der Mitte des Tellers – wie auf einer Bühne – seinen großen Auftritt.

Da für viele Menschen Essen weit mehr ist als nur Nahrungsaufnahme, teilen sich auch fast alle Menschen die Nahrungsmittel auf ihrem Teller in irgendeiner Form ein. Manche ordnen die Speisen symmetrisch auf beiden Tellerhälften an, sodass sich die einzelnen Nahrungsmittel nicht berühren. Andere essen grundsätzlich in einer ganz bestimmten Reihenfolge. Sie fangen mit dem an, was sie am wenigsten mögen, um sich das Beste für den Schluss aufzuheben, oder machen es genau andersherum, um sicherzugehen, dass sie alles Gute vom Teller verputzt haben, bevor das Sättigungsgefühl einsetzt.

Jens ist seinem ordentlichen Ess-Prinzip schon seit Jahren treu, und das, obwohl er sonst gar nicht penibel ist, was Ordnung angeht. Ganz im Gegenteil: Jens' Alltag ist die meiste Zeit ziemlich chaotisch. Ständig ist er für seinen Job unterwegs, er reist vom Hurricane-Festival zum Rock am Ring oder der Fusion. Er begleitet Bands auf ihren internationalen Tourneen, nicht selten sind das mehrere Wochen am Stück. Zwischendurch, wenn er mal zu Hause ist, betreut er viele verschiedene Bands gleichzeitig, die in seinem Tonstudio ihre Musik aufnehmen, mischen und mastern lassen wollen. Ordnung und Ruhe, die gibt es nur auf Jens' Teller – und wahrscheinlich braucht er sie dort genau aus diesem Grund.

Bei Kurt gibt es eine andere Ursache dafür, dass sein Essen immer fein säuberlich sortiert sein muss. Er kann sich erinnern, dass er schon als Kind sensibel war, was das Essen betraf, und sich einmal weigerte weiterzuessen, weil jemandem am Tisch ein paar Krümel am Mund hängen geblieben waren. Auch fand er das Schulessen manchmal so schrecklich, dass er nichts anrührte und später, als er ein bisschen Taschengeld zusammenhatte, lieber nach der Schule Froschschenkel schlemmen ging.

Geschürt haben diese Empfindsamkeit rund um das Essen seine Eltern. Kurts Mutter liebte die französische Küche, und der Vater legte viel Wert auf gutes Essen – noch mehr jedoch auf gute Manieren bei Tisch. Selbst als Kurt noch sehr klein war und erst lernte, mit Messer und Gabel zu essen, waren Manschen und Schmatzen beim Essen streng verboten. Passierte es dem kleinen Jungen doch, dann drehte ihn der Vater mit dem Gesicht zur Wand, und Kurt musste so zu Ende essen. Es könne durchaus sein, dass seine Empfindsamkeit beim Essen daher käme, sagt er. Aber irgendwie gehöre das inzwischen einfach zu seiner Persönlichkeit. «Außerdem ist meine Marotte ja so schlimm nun wieder nicht», sagt er, «denn gegen eine appetitliche Zubereitung der Speisen ist ja nichts einzuwenden.» Ohne sie allzu ernst zu nehmen, ließe es sich damit jedenfalls gut leben, und er habe nicht vor, daran irgendetwas zu ändern.

4 Der letzte Rest

Ähnlich wie bei Kurt D. haben bei dem Belgier August G. frühe Erfahrungen einen bestimmten Spleen beim Essen hervorgebracht – wenn auch auf ganz andere Art und Weise. Er wurde im Jahr 1942 geboren, und seine Kindheit in der Provinz Ostflandern war von den Entbehrungen der Nachkriegszeit geprägt. «Es gab nicht viel Auswahl beim Essen, und es war nie reichlich», sagt August. Kulinarisch anspruchsvoll sein, das ging gar nicht. Es wurde einfach gegessen, was eben da war, und vor allem, so lange etwas da war. August erinnert sich mit Ekel an ein Schwein, das vor dem Winter geschlachtet und noch im Frühjahr gegessen wurde. Freiwillig hätte er das nie gegessen, ebenso wenig wie fetten Speck, den er hasste. Aber Fett half, etwas auf die Rippen zu bekommen, und das hatte auch der kleine August in diesen Jahren dringend nötig. Also aß er.

Erst als er schon im Berufsleben stand und die Nöte der Nachkriegszeit fast vergessen waren, fiel ihm auf, dass er seinen Teller nie leer aß, sondern immer etwas übrig ließ. Bis heute sei das so. «Es gibt fast immer einen Anlass, das letzte Teilchen Fleisch oder Kartoffel oder irgendwas – wie herrlich es während des Essens auch geschmeckt haben mag – auf dem Teller liegen zu lassen», sagt er. Schlimm findet er das nicht. Er sei alt genug, sich nicht mehr zu etwas zwingen zu müssen, und außerdem würden das viele so machen, hat er beobachtet.

Das ist in der Tat so und betrifft gar nicht nur das Essen auf dem Teller, wie dieses Beispiel aus dem Netz zeigt: «Wenn wir eine neue Packung Gouda öffnen, esse ich nur solange davon, bis er halb leer ist oder nur noch vier von zehn Scheiben Käse übrig sind. Die restlichen esse ich sehr ungern. Die letzte bekommt generell der Hund.»[6] Mit der Wurst sei es genauso.

Aber nicht nur auf dem Teller oder im Kühlschrank bleibt bei manchen hartnäckig ein letzter Rest: Auch der letzte Schluck ist bei einigen mit unangenehmen Gefühlen verbunden. Oliver D. aus der Nähe von Hamburg etwa ist geprägt von «peniblem Trinkgenuss», wie er es nennt. Oliver lässt beim Trinken immer etwas übrig, vor allem in Plastikflaschen. Er habe die Vorstellung, wie sich beim Trinken sein Speichel nach und nach mit dem Getränk vermischt. Das lande dann alles, logisch, in dem letzten Rest, der sich in der Flasche befindet. Wer würde so was trinken wollen?

Auch wenn der letzte Rest und der letzte Schluck auf den ersten Blick nicht zusammengehören mögen: Sie tun es. Denn egal, welcher Gedanke genau hinter den Marotten steckt, das vorherrschende Gefühl bei all diesen Spleens ist der Ekel. Er ist eine Art evolutionäres Überbleibsel und sorgt dafür, dass Lebensmittel, die potenziell giftig oder ungenießbar sein könnten, gemieden werden. Alle Nahrungsmittel, die Eiweiß enthalten, und in geringerem Ausmaß auch jene, die Zucker enthalten, werden irgendwann schlecht, verschimmeln oder verrotten. Fleisch, Wurst, Käse und Milch gehören dazu. Und da man in aller Regel nicht genau weiß, wie lange sich etwas unter welchen Bedingungen hält, sind viele Menschen bei der Beurteilung ihrer Speisen und Getränke lieber zu vorsichtig als zu nachlässig.

So weit, so verständlich. Woher aber rühren die Marotten rund ums Wasser? Das kann ja schließlich nicht schlecht werden, oder? Nicht im herkömmlichen Sinne, muss man sagen. Doch wenn sich Wasser nicht in verschlossenen Behältern befindet, ändert sich nach einiger Zeit sehr wohl seine chemische Zusammensetzung. Es nimmt Kohlendioxid auf, ein klein wenig nur, doch das genügt, um den pH-Wert der Flüssigkeit zu verändern: Das Wasser schmeckt dann säuerlich. Schal, sagen manche. Und während das Wasser so offen herumstand, haben sich Staub- und Schmutzpartikel sowie ein paar Bakterien dort eingefunden, die so herumfliegen in jeder

Wohnung. Früher übrigens, als es offenes Wasser nur in der freien Natur gab, kamen noch Insekten dazu, die in offenem Wasser ihren Laich ablegen. Auch die Skepsis Plastikflaschen gegenüber ist nicht ganz unberechtigt. PET-Flaschen können hormonähnliche Chemikalien ans Wasser abgeben – je mehr Hitze und UV-Strahlung sie ausgesetzt sind, umso mehr tun sie das. Wie viel das aber genau ist und ab welcher Menge diese Stoffe für den Menschen schädlich sind, darüber streiten sich die Experten noch.

Es ist also nicht ganz so sonderbar, wie es zunächst wirken mag, penibel zu sein, was «Reste» angeht. Und um noch einmal auf August zurückzukommen, das Nachkriegskind, das immer etwas auf dem Teller liegen lässt: Bei ihm war Ekel ebenfalls das vorherrschende Gefühl, das zu seinem Spleen führte. Im Unterschied zu anderen konnte er diesem Ekel damals aber nicht nachgeben und musste essen, was er nicht essen wollte. Wenn das passiert, also äußere Faktoren bestimmen, was und wann gegessen wird, dann wird das Essen von den natürlichen Steuerungsmechanismen Hunger und Sättigung entkoppelt, wie man inzwischen weiß. Viele, die als Kind Hunger leiden mussten, kennen das: Sie wissen nie genau, wann sie satt sind. Nicht ganz so drastisch, aber ähnlich ist es bei Kindern, die von den Eltern gezwungen werden, den Teller immer leer zu essen. Wie eine Studie der University of Minnesota an 1100 Teenagern zeigen konnte, führt das später häufiger zu Übergewicht bei diesen Kindern.[7]

Sich diese natürliche Steuerung nachträglich anzueignen, wenn sie in der Kindheit nicht angelegt wurde, klappt nicht immer. Selbst wenn August das wohl nicht bewusst ist: Ihm ist es gelungen. Seine Marotte ist sein ganz persönlicher Weg, sich die natürliche Regulierung von Hunger und Sättigung zurückzuerobern. Deshalb geht es ihm so gut damit. Für sich entdeckt hat er neuerdings die chinesische Küche. Das sei nicht nur lecker, betont er, es wäre dort auch eine Beleidigung für den Gastgeber, den Teller komplett leer zu essen.

5 Frühstücksfimmel

Mit einer großen Umfrage hat die Gesellschaft für Erfahrungswissenschaftliche Sozialforschung im Auftrag der Kaufmännischen Krankenkasse vor einigen Jahren erfasst, wie es eigentlich um das Frühstücksverhalten der Deutschen bestellt ist.[8] Es steht ganz gut, wie es scheint: Von den mehr als 1000 Befragten frühstücken immerhin 39 Prozent regelmäßig zu Hause, 16 Prozent manchmal. 10 Prozent geben an, sich auf dem Weg zur Arbeit etwas zu schnappen, und 26 Prozent nehmen ihr Frühstück eher nebenbei am Arbeitsplatz zu sich. Das sind insgesamt mehr als 90 Prozent regelmäßige Frühstücker, eine Zahl, die Ärzte freuen dürfte. Für sie ist das Frühstück ja die wichtigste Mahlzeit überhaupt. Doch die Zahlen zeigen auch, dass im Alltag oft wohl schlicht die Zeit fehlt, um in Ruhe zu essen. Das gemütliche Frühstück findet dann doch eher am Wochenende statt. Und hier wird es interessant, wie ich bei einer Familienfeier neulich feststellte. Sonst sieht man anderen Menschen ja eher selten beim Frühstücken zu, alle basteln sich ihr Frühstück zu Hause oder eben auf dem Weg zur Arbeit so zusammen, wie es ihnen gefällt, und nur selten wirft jemand anderes einen analytischen Blick darauf – besonders wenn man alleine lebt, also nicht nur allein schlafen geht und aufsteht, sondern eben auch allein isst.

Ich tat das bei diesem Familienbrunch also: Ich warf einen analytischen Blick darauf, was auf den Tellern lag. Während beim Mittagessen und zunehmend auch beim Abendessen jeder das Gleiche auf den Teller bekommt, weil warm gekocht wird, lässt man beim Frühstück dem Menschen seine Freiheit. Beziehungsweise: Jeder nimmt sie sich. Diese Freiheit kitzelt wunderbare, individuelle Eigenarten hervor. So verlangte der eine nach Körnerbrötchen, der nächste mochte dagegen nur helle, ein dritter bloß nichts mit Mohn oder Kümmel. Ein anderer verzichtete auf Teigwaren jeglicher Art und mischte sich aus Quark und Äpfeln ein Müsli zusammen. Dann fragte ein weiterer nach Marmelade, weil er morgens nichts Herzhaftes essen kann, aber bitte kein Pflaumenmus oder Marmelade mit Stücken. Es war ein ziemliches Durcheinander, aber jeder ließ den anderen gewähren – vermutlich weil alle so mit sich selbst beschäftigt waren. Dass Menschen beim Frühstück sehr eigen sein können, zeigen die Debatten darüber, ob der Kaffee oder Tee nun schwarz, mit Milch, Zucker oder beidem getrunken wird, ob Butter oder Margarine das Wahre ist oder wann der richtige Härtegrad des Frühstückseis erreicht ist.

Zum Beispiel legen einige Menschen mehr Wert auf das Wie als auf das Was. So schreibt jemand bei spleen24.tumblr.com, dass er Brot nicht ungetoastet essen kann, selbst dann nicht, wenn es gerade frisch vom Bäcker kommt. Ein anderer berichtet, dass er sein Brot immer exakt bis zum Rand beschmieren muss – auch wenn das Prozedere dann natürlich viel länger dauert als üblich.[9] Das Gleiche gilt für den Belag, also Wurst oder Käse: Was nicht aufs Brot passt, wird passend gemacht. Nicht viele sind so penibel, was das Beschmieren angeht. Aber dass das Ober- und Unterteil eines Brötchens nach dem Belegen wieder genau aufeinanderpassen sollen, finden auf dem Webportal ganze 1800 Menschen. Fast 2000 Deutsche basteln also beim Frühstück so lange an ihrem Brötchen herum, bis es nach dem Schmieren wieder so aussieht wie vor dem Aufschneiden.

Einige legen ihren Fokus nicht auf das Brot, sondern auf die Zutaten. Manche müssen die eine Brötchenhälfte süß essen, die andere pikant, sonst fühlt es sich nicht ausgewogen an. Ich kenne auch Leute, die man wahnsinnig damit machen kann, wenn man Butter und Margarine nicht ganz sauber von der Oberfläche oder Kante des Behältnisses abnimmt. «Wenn jemand die Butter verunstaltet, dann repariere ich das wieder», beichtet im Netz jemand.

Ein nächster muss für jeden neuen Brotaufstrich ein neues Messer benutzen, und wieder ein anderer kann Joghurt oder Eier nur mit einem bestimmten Plastiklöffel essen.

Und die Macken rund um das Thema Eier scheinen ganz besonders zu Auswüchsen zu neigen. So gibt es jemanden, der zwar gern zum Frühstück Eier isst, aber nur, wenn sie noch «ganz» sind. «Ich krieg 'ne Krise, wenn mein Spiegelei kaputt geht – sprich, das Eigelb verläuft. Dann muss das jemand anderes essen. Und wenn es doch ganz geblieben ist, muss ich es mit einem Biss in den Mund nehmen.»[10] Aber auch gekochte Eier machen gelegentlich Schwierigkeiten: «Ich liebe es, weiche Frühstückseier zu essen. Mein Problem ist, dass ich einen Ekel vor dem abgetrennten oberen Teil habe.»[11] Besonders leidet ein anderer: Eier seien ja so lecker, jedoch hätten sie den Haken, dass man sie aufschlagen müsse, um an den Inhalt zu kommen. «Ich kann keine Eier aufschlagen. Ich habe einfach immer Angst, dass ein halb totes Küken darin liegt.»[12] Natürlich sei das noch nie passiert. Und natürlich sei ihm bekannt, dass die Eier heutzutage vor dem Verkauf durchleuchtet werden. Ja, es klinge kindisch, aber die Angst sei nun einmal wirklich da.

Ein Kommentator findet das ganz süß, ein anderer, der sich Paul nennt, hat da aber noch einen anderen sachdienlichen Hinweis: In Vietnam und auf den Philippinen nämlich, da sind angebrütete gekochte Hühner- und Enteneier eine Spezialität, Balut genannt. Bis zu 17 Tage alt sind sie, wenn die Eier, nach 30 Minuten Kochzeit mit Salz bestreut, ausgeschlürft werden, samt Schnabel und Federn. Aber das führt wohl nicht nur für den beschriebenen Ei-Phobiker über das Frühstück hinaus, das man hierzulande kurz nach dem Aufstehen gern auf dem Tisch sehen würde.

Hilfestellungen fürs Hirn

Die Spleens, um die es bisher ging, haben alle eine bestimmte Funktion, sie sind Mittel zum Zweck. Die kleinen Ticks erfüllen wichtige psychologische Bedürfnisse, jeder auf seinem Gebiet. In Kapitel eins ging es um sicherheitsschaffende und zeitsparende Routinen und Rituale, in Kapitel zwei um Kontrolle, darum, Einfluss auf die Umwelt zu nehmen und sie so zu gestalten, dass sie den eigenen Neigungen bestmöglich entspricht. In Kapitel drei ging es um Integrität, in Kapitel vier rückten die Spleens als Gefühlsvermittler und Regulatoren in den Mittelpunkt, als Möglichkeit, unangenehmen Gefühlen zu entkommen oder angenehme zu forcieren und stabilisieren.

In diesem Kapitel ist das ein bisschen anders. Die Marotten, die hier zur Sprache kommen, leisten nichts für die Gefühlswelt ihrer Besitzer, und sie helfen auch nicht dabei, die Welt sicherer oder kontrollierbarer erscheinen zu lassen. Die Macken, um die es hier gehen wird, sehen auf den ersten Blick sogar ganz besonders überflüssig aus. Doch hinter ihnen steckt eine sehr wichtige und evolutionär begründbare Funktion: Sie sind allesamt Hilfestellungen für das Gehirn. Sie verraten einiges darüber, wie der Kopf arbeitet und was es braucht, um diese Arbeit, die ja in aller Regel nicht ganz anspruchslos ist, gut zu erledigen.

Diese Spleens sorgen dafür, dass das Gehirn die Bedingungen vorfindet, die es benötigt, um einwandfrei zu funktionieren. Das ist alles andere als trivial, immerhin ist das menschliche Gehirn das komplexeste System, das wir kennen. Experten schätzen, dass rund 100 Milliarden Nervenzellen in ihm tagtäglich für uns schuften. Bei nur zwei Prozent des Körpergewichts verbraucht das Gehirn ein Viertel der gesamten Energie, die im Körper zur Verfügung steht. Seine Hauptaufgabe besteht darin, die Nervenzellen so effizient miteinander zu verknüpfen, dass die daraus entstehenden Nervenverbindungen, also die Kommunikationswege im Gehirn, die Anforderungen des Alltags möglichst gut bewältigen können.

Im Alltag denken die Menschen normalerweise nicht darüber nach, was ihr Kopf in jeder einzelnen Sekunde alles leistet. Sie bekommen überhaupt nicht mit, wie das Gehirn immer wieder Hilfestellungen von seinen Freunden, den Spleens, bekommt: Kleine Ticks und Marotten sorgen zum Beispiel dafür, dass das Gehirn weder zu viel noch zu wenig Input aus der Umwelt bekommt. Sie helfen ihm, auf eine Sache konzentriert zu bleiben, wenn es nötig ist, und abzuschweifen, wenn es niemanden stört und die Nervenverbindungen entlastet.

Sie helfen auch dabei, sich möglichst schnell zu orientieren und über alles, was geschieht, den Überblick zu behalten. Die kleinen Marotten tun das vor allem dann, wenn das Gehirn nichts weiter zur Orientierung hat als sich selbst, wenn man also allein ist und sich nicht an anderen orientieren kann – oder aber wenn die Gegenwart anderer eher hinderlich dabei ist, ein wichtiges Ziel zu erreichen.

Ohne diese Hilfestellungen der Macken und Ticks hätte es das Gehirn um einiges schwerer und müsste vor allem deutlich länger arbeiten, um Entscheidungen zu treffen, sich zu orientieren oder den richtigen Fokus zu finden und zu halten. Da das Gehirn ein sich selbst regulierendes System ist, funktionieren all diese Vorgänge meist automatisch, ohne dass wir uns aktiv darum kümmern müssten. Das einzige Indiz dafür, dass selbst das komplexe Gehirn nicht gänzlich ohne Hilfskonstruktionen auskommt, sind die kleinen Ticks, die nun folgen. Und das macht sie nicht nur nützlich, sondern geradezu wertvoll.

1 Leerlauf im Kopf

Wenn Menschen nicht reden, denken sie. Das heißt vor allem, wenn sie allein sind, wenn Partner oder Freund nicht um sie herumwuseln: Sie denken so ziemlich die ganze Zeit, ohne Pause. Leerlauf im Kopf, das gibt es eigentlich nicht, nichts zu denken ist für viele unmöglich. Wie schwer es ist, wissen jene, die sich schon einmal an Meditation versucht haben – oder versucht haben, abends einzuschlafen, und es nicht konnten. Nicht weil sie nicht müde waren, sondern weil das Gedanken-Karussell partout nicht stehen bleiben wollte. Darauf hat man normalerweise keinen Einfluss – es sei denn, man übt es eisern, wie eben zum Beispiel bei der Meditation. Das Gehirn ist wie ein großer Schwamm: Es liebt Input jeder Art, um damit zu jonglieren und Dinge auszuprobieren, und wenn es von außen keinen Input bekommt, macht es sich eben seinen eigenen.

Hanna H. zum Beispiel hat schon sehr lange, seit sie sieben oder acht Jahre alt ist, einen kleinen Spleen. Er taucht immer dann auf, wenn sie alleine mit dem Fahrrad durch die Stadt fährt oder auf etwas oder jemanden warten muss – wenn ihr Kopf also kurz Pause hat. Hanna denkt dann an ein beliebiges Wort und zählt zunächst einmal die Buchstaben, um zu sehen, ob das Wort «gerade» oder «ungerade» ist, also aus einer geraden oder ungeraden Anzahl an Buchstaben besteht. Danach nimmt sie sich jeweils zwei Buchstaben des Wortes vor und legt im Geiste den ersten Buchstaben auf den zweiten. Dann zieht sie sie gedanklich zurecht, und zwar so lange, bis die beiden Buchstaben genau übereinander liegen. Ist sie damit fertig, kommen die nächsten Buchstaben dran.

Buchstaben im Kopf zu verdrehen, klingt erst mal komisch, aber Hanna ist da keine Ausnahme. Buchstaben und Zahlen scheint das Gehirn besonders zu mögen, wenn sonst nichts los ist. Manche teilen Wörter und Sätze in Buchstabengruppen, mit jeweils zwei, vier oder acht Buchstaben ein, und schauen dann, ob es am Satzende glatt aufgeht, also keine Buchstaben mehr übrig sind. Andere zählen die Buchstaben beliebiger Wörter, und für wieder andere muss die Zahl, die die eingestellte Lautstärke auf dem Fernseher oder bei der Stereoanlage repräsentiert, immer durch zwei teilbar sein.[1]

Silvia H. hat eine andere, aber sehr ähnliche Form dieses Spleens. Die Tierärztin fährt jeden Tag morgens mit dem Auto zu ihrer Praxis und abends wieder zurück. Das macht sie seit vielen Jahren, sie kennt die Strecke und muss sich nicht mehr sonderlich dabei konzentrieren. Weil sie alleine fährt, ist niemand da, um sie zu unterhalten. Deshalb widmet sich Silvia den Nummernschildern der anderen Autos und berechnet fleißig und so schnell wie möglich die Quersummen, die sich aus den Zahlen der Kennzeichen ergeben. Eine schöne Kopfrechenübung. Dabei hat Silvia noch nicht einmal ein Faible für Zahlen – über eine Vier kam sie in Mathe bis zum Abitur nicht hinaus. Trotzdem hat ihr Gehirn mittlerweile an den Quersummen irgendwie Spaß gefunden.

Andere inspirieren Nummernschilder weniger zum Rechnen, sondern mehr zum Wörterbilden. Sie versuchen, aus den Buchstaben der KFZ-Kennzeichen einen Vor- und Nachnamen zu bilden, oder kreieren wilde Phantasiewörter. Manche suchen zu den Buchstaben der Nummernschilder sogar das zugehörige Element im Periodensystem – und freuen sich, wenn die Zahlen auf dem Schild sogar mit den Ordnungsziffern übereinstimmen.

Man kann sich bei all diesen Marotten ja schon fragen, welches

Problem das Gehirn eigentlich mit Ruhe hat – und warum es sich zur Ablenkung dann ausgerechnet mit Buchstaben und Zahlen beschäftigen möchte. Die Antwort auf die erste Frage haben Wissenschaftler klären können: Menschen halten das Nichtstun und Nichtsdenken nicht aus, weil das Gehirn immer auf der Suche nach Reizen ist. Es ist perfekt darauf trainiert, Muster, Strukturen und Zusammenhänge in der Umwelt zu erkennen, und es wird nervös, wenn es keine Eindrücke von außen bekommt, die es begutachten und einordnen kann. Das zeigen unter anderem Experimente, bei denen Menschen, die lange in einem dunklen oder schalldichten Raum saßen, nach einiger Zeit glaubten, doch etwas zu sehen oder zu hören.

Dass auch das Nichtstun Menschen in aller Regel ungeheuer schwerfällt, konnte der US-Psychologe Timothy Wilson von der University of Virginia in einer Serie von elf Experimenten zeigen.[2] Er stellte Hunderten Versuchspersonen in allen Altersgruppen die eigentlich einfache Aufgabe, zwischen 6 und 15 Minuten lang in einem kargen Raum auf einem Stuhl zu sitzen und einfach nur nachzudenken – ohne Handy oder andere Möglichkeiten, sich abzulenken. Dann bat er sie, auf einer Skala von eins bis neun anzugeben, wie positiv sie diese Zeit empfunden hatten. Etwa die Hälfte gab an, dass sie die Erfahrung nicht gerade großartig, also eher unterdurchschnittlich gefunden hatten, und zwar die älteren Probanden genauso wie die jüngeren. Wilson startete neue Versuche, diesmal bei den Probanden zu Hause, um festzustellen, ob das Nichtstun leichter fällt, wenn es in einer vertrauten Umgebung stattfindet, in der man sich wohlfühlt. Doch auch hier hagelte es wieder negative Berichte, und noch dazu gaben etliche Versuchspersonen an, geschummelt zu haben. Ihnen war einfach zu langweilig gewesen, und so hatten sie doch kurz zum Handy gegriffen oder angefangen, irgendetwas herumzuräumen. Wilson konnte es nicht glauben. Was war so schrecklich daran, eine Viertelstunde lang mal nichts zu tun?

In den letzten Experimenten setzte er die Versuchspersonen wieder in den kargen Raum in seinem Labor und gab ihnen eine einzige Alternative zum Nichtstun: Sie konnten sich selbst über einen Knopf leichte Elektroschocks verpassen. Und obwohl er sie vorher befragt hatte und alle angegeben hatten, sie würden sogar Geld zahlen, um etwas so Unangenehmes wie elektrische Schocks zu vermeiden, drückten viele lieber den Knopf, als gar nichts zu tun. Vor allem die Männer: 67 Prozent von ihnen verpassten sich selbst Elektroschocks. Bei den Frauen waren es deutlich weniger, nur ein Viertel von ihnen drückte den Knopf, der nichts als Schmerz versprach.

Wilson vermutet, dass das Gehirn Langeweile so schrecklich findet, weil es für Interaktion und Exploration gemacht ist, dafür, ständig auf neue Reize zu reagieren, sie einzuordnen und aus ihnen Schlüsse zu ziehen. Hat es nichts, worauf es sich zumindest einen Moment lang fokussieren kann, dann weiß es einfach nicht, was es tun soll.

Das Gehirn ist eine Problemlösemaschine. In der Evolution war es diese Fähigkeit, die den Menschen so weit voranbrachte und ihn im Lauf tausender Jahre so flexibel und widerstandsfähig machte: dass er schnell Veränderungen in der Umwelt wahrnahm und in der Lage war, sich an diese bestmöglich anzupassen. Daher kommt die Gier nach Reizen. Etwa drei Sekunden lang ist das Fenster der Wahrnehmung, das weiß man heute. So viel Zeit benötigt man etwa für das Lesen einer Gedichtzeile. Nach diesen drei Sekunden aber fragt das Gehirn wieder: Was gibt es Neues? Bekommt es dann keinerlei neue Information, ist es durchaus sinnvoll, die Maschine am Laufen zu halten, um es mal etwas mechanistisch zu formulieren, also den Kopf mit etwas zu beschäftigen. So vertreibt man sich die Zeit und bleibt zugleich wach und fokussiert, sollte doch gleich ein neuer, wichtiger Reiz um die Ecke kommen. Es ist also keine Schande und kein Zeichen von Schwäche, wenn das

Gehirn nicht abschaltet und sich immerzu neue Dinge in der Umwelt sucht, sondern ganz im Gegenteil ein Zeichen von reger geistiger Aktivität.

Und warum nun Buchstaben und Zahlen? Das bisschen Rechnen und Lesen mag uns inzwischen banal erscheinen, aber tatsächlich sind es äußerst komplexe Prozesse, die das gesamte Gehirn fordern. Erst durch diese zwei Kulturtechniken waren die Erfindungen der Moderne möglich. Auf dem Rechnen beruhen heute ganze Wirtschaftssysteme, das Lesen ermöglicht uns, das Wissen früherer Generationen zu nutzen. Rechnen und Lesen sind also der Erfahrung nach äußerst erfolgversprechende Aktivitäten für ein gelangweiltes Gehirn.

Bei den Zahlen kommt noch ein zweites Vermächtnis vergangener Tage hinzu. Die Zahlen von eins bis zehn, bei denen Silvia H. zum Beispiel bei ihrer Quersummen-Rechnerei immer landet, sind in vielen Kulturen Gegenstand einer tief verwurzelten Zahlensymbolik. In altorientalischen Religionen wie in Babylon etwa wurden Zahlen mystische Bedeutungen zugewiesen, aber auch im alten wie im modernen China. Und auch in der christlichen Religion stehen Zahlen für weitaus mehr als nur ihren mathematischen Wert.

Um das zu sehen, muss man nur einen Blick in die Bibel werfen. Jeder Zahl ist dort eine Symbolik zugeordnet, die in der Schrift immer und immer wiederkehrt. Während die Eins dort zum Beispiel für den Anfang und das Unteilbare steht, symbolisiert die Zwei den Ausgleich, aber auch den Gegensatz. Die Drei steht für das Himmlische. Es ist die Zahl der Dreifaltigkeit, es gibt drei Erzengel ebenso wie drei Heilige Könige und die drei göttlichen Tugenden Glaube, Liebe und Hoffnung. Die Vier symbolisiert bestimmte Dinge, die fest zusammengehören, die Himmelsrichtungen etwa, die vier Jahreszeiten oder die vier apokalyptischen Reiter Krieg, Gemetzel, Hunger und Tod. Die Fünf ist die Zahl der Sinne Sehen, Hören, Riechen, Schmecken und Tasten sowie die Zahl des Schmerzes, denn Jesus wurden fünf Wundmale am Kreuz zugefügt. Die Sechs steht für das Irdische: die sechs Tage der aktiven Schöpfung, denen aber noch der Ruhetag fehlt, die sechs Werke der Barmherzigkeit, denen aber noch die Erlösung fehlt. Sechs ist manchmal auch das Symbol des Bösen, etwa in der Offenbarung des Johannes. Sieben ist in der Bibel die heilige Zahl schlechthin. Es gibt sieben Tugenden und sieben Todsünden. Acht gilt als die Zahl, die das Irdische übertrifft: So waren acht Menschen auf der Arche Noah und überlebten die Sintflut, acht Seligpreisungen sprach Jesus zu den Menschen und der achtstrahlige Stern steht für das Siegel Gottes. Die Neun ist ein Zeichen göttlichen Bewusstseins, sie steht für das Heilige, die Zehn ist die Zahl des Vollendeten, etwa bei den zehn Geboten.

Solche Hintergründe sind den meisten Menschen nicht bewusst oder sie kennen nicht die genaue Bedeutung, die bestimmten Zahlen bereits seit langer Zeit zugesprochen wird. Aber der große Reiz, der von Zahlen ausgehen kann, zeugt davon, dass die Symbolik in irgendeiner Form doch mitschwingt. So könnten viele Menschen keinen Buchstaben nennen, den sie besonders mögen. Eine Lieblingszahl aber fällt den meisten jedoch ein, wenn man sie fragt.

2 Ich zähle, also bin ich

Bleiben wir bei den Zahlen. Oder besser gesagt: beim Zählen. Denn wenn der Mensch alleine ist und der Kopf gerade keine richtige Aufgabe hat, bemühen nicht alle gleich die Division oder die Quersummen. Entspanntere Gemüter belassen es gerne beim einfachen Zählen. Das Zählen hat den Vorteil, dass ihm ein Rhythmus innewohnt, und deshalb bietet es sich so schön an, wenn man in Bewegung ist. Elias J. macht das zum Beispiel. Er ist im Ruhestand, liest gern und spielt ab und zu noch Fußball im Verein. Er ist genügsam und genießt es, in Ruhe gelassen zu werden. Und er zählt – die ganze Zeit. Er zählt die Treppenstufen, wenn er von der Haustür zur Wohnung hochläuft. Er zählt seine Schritte auf dem Weg zum Bus, zur Mülltonne oder zum Fußballtraining. Er zählt – die Schritte vom Auto bis zum Eingang des Supermarktes, er zählt die Bewegungen, die er beim Schneeschippen macht, er zählt die Pinselschwünge, wenn er den Zaun streicht. Er zählt die Blumen, die in Vasen stehen, und die Fenster, an denen er vorbeiläuft. Man kann sagen: Er zählt eigentlich so ziemlich alles, wenn er allein unterwegs ist. Und er dachte, das machen alle so. Erst als er neulich mit Freunden darüber redete, merkte er, dass es doch nicht so üblich ist.

Zwanghaft sei das und echt nicht ganz normal, sagte der eine Freund etwas besorgt. Elias hat das ziemlich verunsichert, und er fragte sich, ob er möglicherweise wirklich ein Problem hat. Dabei hat Elias viele Gleichgesinnte, die genauso gerne und oft zählen wie er. In entsprechenden Internetforen berichten einige Menschen davon, dass sie immer bei eintönigen Tätigkeiten anfangen zu zählen, beim Zwiebelnschneiden oder Sortieren, und andere, dass sie ganz automatisch sämtliche Gegenstände zählen, die ihnen tagsüber begegnen.

Eine Frau berichtet davon, dass sie immer die Fliesen zählt, wenn sie auf der Toilette ist. Sie wisse aus dem Kopf, wie viele Fliesen zum Beispiel ihr Bad, das ihrer Eltern und die Kabinen auf den Toilette der Universität haben – natürlich von jeder Etage. Das sei manchmal ganz schön anstrengend, weil sie auch die Fliesen hinter sich zähle, also etwas umständlich den Kopf verdrehen müsse, um diese überhaupt sehen zu können. Eine weitere Herausforderung sei es, zu berechnen, wie viele Fliesen sich noch hinter dem Badspiegel verstecken – und auch halbe Fliesen seien nicht so schön, weil sie dann versuche, noch weitere halbe Fliesen zu finden, sodass sie diese zu ganzen aufaddieren kann.[3]

Viel Spaß am Zählen hat auch der gute Graf Zahl aus der Sesamstraße, ein feiner Herr mit Spitzbart und Monokel, der mit seinem dunkelgrünen Umhang durch die Welt der Puppen huscht und alles zählt, was ihm über den Weg läuft. «Ich zähl die Spinnen an der Wand und ihrer Netze zartes Band. Und alle Kerzen zähl ich nach, wenn ich mich selbst zähl werd ich schwach», singt er. Er zählt mal langsam und mal schnell, mal auf Deutsch und mal in anderen Sprachen, er zählt Regentropfen, Hühner, Knöpfe und Sandkörner, ohne dessen jemals überdrüssig zu werden. Graf Zahl macht nichts anderes. Er lebt nur, wenn er zählt. Er beweist sich gewissermaßen seine eigene Existenz über das Zählen. Ich zähle, also bin ich, würde er wohl sagen. Das war von den Machern der Sesamstraße wahrscheinlich so nicht gedacht – für sie sollte Graf Zahl vor allem Kindern beibringen, wie man von eins bis zehn zählt. Aber diese Deutung lässt sich gut auf Elias und seine Zählerei übertragen. Wer zählt, der denkt, ohne wirklich zu denken. Und doch beschäftigt er seinen Kopf – ein bisschen nur, aber genug, damit dieser davon überzeugt ist, etwas Wichtiges zu tun zu haben.

Elias' Zählerei ist also eigentlich ein ziemlich cleverer Weg, das Gehirn davon abzuhalten, Unsinn zu stiften und mit Gedanken um die Ecke zu kommen, die Elias gerade nicht haben will oder gebrauchen kann. Das Zählen versetzt den Kopf in eine Art Stand-by-Modus, es vereinnahmt ihn nicht und gibt ihm doch genug zu tun, um sich nicht langweilen zu müssen. Auch bei der Bewältigung von Gefühlen hilft das Zählen. So gibt es zum Beispiel auch Menschen, die bei einem Trauerfall in der Familie immer dann, wenn der Schmerz sehr groß wird, anfangen zu zählen. Sie zählen so lange, bis die Trauerwelle vorüber ist – damit der Schmerz nicht überhandnimmt und vollkommen von ihnen Besitz ergreift.

Elias' Spleen ist also gar nicht so ungewöhnlich wie Elias' Freunde vermuten, und eine Zwangsstörung hat er deshalb auch nicht automatisch. Das wäre nur dann der Fall, wenn er sich innerlich gezwungen fühlen würde, zu zählen, und nicht mehr selbstständig entscheiden könnte, ob er die Treppenstufen zählt oder nicht. Bei einer Zwangsstörung können die Betroffenen das entsprechende Verhalten nicht einfach abstellen, wenn es ihnen oder anderen zu viel wird.[4] Sie fühlen sich innerlich dazu gezwungen, immer wieder die gleichen Abläufe durchzugehen, auch dann, wenn sie diese sogar selbst als sinnlos empfinden.

Elias aber hat kein Problem damit, das Zählen zu unterbrechen, wenn ihn jemand anspricht oder er sich bewusst dagegen entscheidet. Er hat das nach dem Gespräch mit seinen Freunden getestet und das Zählen eine Zeitlang absichtlich unterbunden. Er wurde weder nervös noch ängstlich und fühlte sich auch nicht unbehaglich. Das wäre anders, wenn es sich bei seinem Spleen tatsächlich um eine Form der Zwangsstörung handeln würde. So lange er sich frei für oder gegen das Zählen entscheiden kann, ist bei Elias also alles in Ordnung. Leichte Tendenzen zur Zwanghaftigkeit wie bei ihm und den anderen Zählbegeisterten gibt es in jedem Menschen in unterschiedlichem Ausmaß – und wie wir gesehen haben mit gutem Grund. Solange das Verhalten nicht ausufert und den Alltag einschränkt oder gar dominiert, ist dagegen also überhaupt nichts zu sagen. Wie bei Elias. Seine lieb gewordene Angewohnheit ist eben nur das. Andere pfeifen vielleicht, wenn sie nichts zu tun haben. Elias zählt eben.

3 Kritzelfimmel

Neulich sah ich etwas Interessantes in einer der täglichen Morgenkonferenzen in der Redaktion. Es ging wie immer schön der Reihe nach, jedes Ressort erzählte kurz, was anlag und was den Tag über alles an Themen geplant war, die anderen hörten zu, machten sich ein paar Notizen, wenn etwas auch für sie relevant war, und diskutierten mit. Alles sehr organisiert, strukturiert und zeitoptimiert, so wie Journalisten heutzutage arbeiten. Aber eine gute halbe Stunde dauerte es eben doch. Und in dieser halben Stunde entstand auf dem Zettel meines Gegenübers am Tisch eine ganz eigene Welt: Da flogen große Herzen umher, viele Rechtecke und Würfel begannen sich in den Ecken des Papiers zu stapeln, dazwischen verschnörkelte Linien und ein Gesicht mit einer spitzen Nase. Der Redakteur kritzelte mit viel Sorgfalt und Liebe zum Detail das ganze Blatt voll. Und ich fragte mich: Warum tut er das? Warum zeichnet er, ein sehr vernünftiger und rational agierender Mensch, einen Zettel voll, den er am Ende der Konferenz doch ohnehin in den Papierkorb werfen wird?

Weitere Beobachtungen von Kollegen bei der Arbeit ergaben, dass vor allem dann gekritzelt wird, wenn eigentlich Aufmerksamkeit gefragt ist: in Konferenzen und beim Telefonieren, zum Beispiel während eines Interviews. Gleichzeitig scheinen die Zeichner aber nicht immer zu bemerken, was genau sie da kritzeln, und sie könnten bestimmt nicht begründen, warum sie es tun. So wie ein Kritzelfreund aus meinem Bekanntenkreis. Zu Hause läuft er mit dem Hörer herum und bemerkt gar nicht, wohin er geht oder was er tut. Am Ende des Gespräches legt er auf und steht manchmal im Badezimmer mit einem Schuh in der Hand und weiß gar nicht, wie das passiert ist. Auf der Arbeit kann er beim Telefonieren natürlich nicht so wild herumlaufen, da verlegt er sich aufs Kritzeln. Wenn er auflegt, grinsen ihn dann gezeichnete Gesichter auf seinen Unterlagen an, die ihm irgendwie fremd vorkommen.

Dem Londoner Psychologen Jack Goodman zufolge kritzeln gut 65 Prozent der Menschen beim Telefonieren. Das berichtet er in seinem Buch *That Doodle Book*, das aus den 1970er Jahren stammt.[5] Doodles, so nennt man die nebenbei entstehenden Kritzeleien in Großbritannien, den USA und Australien. Dort werden sie sogar mit einem «National Doodle Day» geehrt. An diesem Tag sammeln Fans der Kritzeleien Geld und ersteigern die Zeichnungen von Prominenten für einen guten Zweck, etwa für die Forschung an Epilepsie.

Etwas aktueller als Jack Goodmans Buch ist die Studie von Wissenschaftlern der englischen Plymouth University zu Telefonkritzeleien.[6] Die Forscher um die Psychologin Jackie Andrade fanden heraus, dass das Herumkritzeln gar nicht, wie man erwarten könnte, vom Telefonat ablenkt, sondern im Gegenteil das Abschweifen beim Zuhören verhindert – und sogar das Gedächtnis verbessert. Jene Versuchspersonen, die während eines Telefonats in ihrer Untersuchung kritzeln durften, merkten sich die beim Gespräch durchgegebene Gästeliste besser als jene, die nicht kritzeln durften. Ein Drittel mehr an Informationen blieb bei ihnen hängen, das ist nicht wenig.

Ein Stück Papier und ein Stift schärfen also offenbar die Aufmerksamkeit und verbessern sogar das Gedächtnis, vermutlich weil es das Gehirn stimuliert und so am Abschweifen hindert. Zu dem gleichen Ergebnis kam auch Alfred Gebert, ein Professor für Psychologie in Münster. Er fand nach seinen Vorlesungen ständig Kritzeleien auf den Tischen des Seminarraumes und ärgerte sich, dass ihm offenbar einige Studenten überhaupt nicht zuhörten. Also sammelte er die Blätter ein, um die Studenten, die sich offensichtlich nicht konzentrieren konnten, zu identifizieren. Weil an seiner Uni vor jedem Studenten ein Namensschild steht, konnte er die Kritzeleien gut zuordnen. Nur: Das Gekritzel stammte gar nicht von den eher leistungsschwachen Studenten, sondern von denen mit den besseren Noten. Gebert konnte es anfangs nicht glauben, wieder und wieder sammelte er die Zettel ein und verglich die Noten. Und regelmäßig brachten die Kritzler die besseren Leistungen.

Der Psychologe vermutet, dass das Kritzeln eine Art Anker für die Aufmerksamkeit ist und somit die Konzentrationsfähigkeit fördert und das Gehirn auf das «optimale Erregungsniveau» bringt, wie er es nennt. Ganz ähnlich wie das beim Zählen ist – nur dass ein Doodle einem die Möglichkeit bietet, den Gedanken anderer zu folgen und mitzudenken.

Und noch etwas ist am Kritzeln interessant: Man entzieht sich dadurch dem sozialen Kontext, in dem man sich eigentlich gerade befindet, wie der Redakteur während der Konferenz, die Studenten in der Vorlesung oder die Versuchsteilnehmer von Jackie Andrade beim Telefongespräch. Man zieht sich auf sich selbst zurück, wenn die anderen einem nicht dabei helfen, sich zu konzentrieren, oder dabei sogar hinderlich sind. Man gerät zum Beispiel weniger in Versuchung, die Stimmungen der anderen Menschen, die einen umgeben, wahrzunehmen, und konzentriert sich mehr auf die Fakten, die gerade verhandelt werden. Das Kritzeln des Redakteurs in der Konferenz war also wohl ein ernsthaftes Bemühen, bei der Sache zu bleiben. Vielleicht ist einem gerade deswegen auch nicht immer klar, was man da gezeichnet hat. Das Kritzeln bündelt die Aufmerksamkeit zwar, lenkt sie dann aber weg von der Zeichnung und dahin, wo sie gerade wirklich gebraucht wird.

Diesen tollen Effekt des Kritzelns kann man natürlich auch ganz bewusst nutzen. Caroline R. aus Berlin tut das in Perfektion. Die 29-Jährige verfolgt immer mehrere Projekte gleichzeitig: Sie ist Biologin, Journalistin und Comiczeichnerin. Fünf Notizbücher trägt sie deshalb immer und überall mit sich herum: einen Kalender, ein Notizbuch für Allgemeines, ein Notizbuch für spezielle Projekte, ein Skizzenbuch und ein Vokabelheft für den Sprachkurs, an dem sie teilnimmt. Hat sie noch ein bisschen Platz in der Tasche übrig, kommen noch ein Tagebuch und ein größeres Skizzenbuch dazu. Einen Stift zu halten, das hilft ihr beim Denken. Ob sie malt, Vokabeln abschreibt oder einfach nur vor sich hin kritzelt, hängt von ihrer Stimmung ab, davon, was in der Zeit eigentlich ihre Aufgabe wäre – und natürlich davon, ob sie gerade allein ist. In Gesellschaft kritzelt es sich für sie lange nicht so gut wie in den Momenten, in denen sie allein ist.

Außerdem ist der kreative Einfall ein unzuverlässiger Wicht, sagt sie. Er kommt immer dann, wenn man gerade nicht mit ihm rechnet. Also ist Caroline vorbereitet, und jederzeit zum Kritzeln bereit. Aber alles muss seinen Platz haben. Zeichnen in einem Notizbuch? Das geht ja nicht, sagt sie. Und Notizen im Kalender, das übersehe man. Vokabeln zwischen den Skizzen? Das würde sich doch niemand merken können. Deswegen die fünf Bücher. Alles ins Handy zu verlegen, ist ihr viel zu umständlich. Mit der Hand zu schreiben, liegt ihr mehr. Handschriftliche Notizen bleiben übrigens auch besser im Gedächtnis als getippte, wie die Psychologen Pam Mueller und Daniel Oppenheimer in einer Studie herausfanden.[7]

Caroline hat trotzdem schon das eine oder andere Mal überlegt, die schweren Notizbücher einfach zu Hause liegen zu lassen, es aber nicht übers Herz gebracht. Zu groß ist ihre Angst, dass ihr eine Idee flöten gehen könnte. Passiert ist ihr das übrigens trotz aller Notizbücher schon einmal. Sie hatte keinen Stift dabei.

4 So schön symmetrisch

Menschen haben eine angeborene Vorliebe für Symmetrie. Dinge, die eine Spiegelung in sich tragen, empfindet das Gehirn als schön – vor allem entlang einer senkrechten Symmetrieachse, wie Gestaltpsychologen wissen. Das ist so, weil Symmetrie es dem Gehirn sehr viel einfacher macht, bestimmte Dinge zu erkennen. Es hat sogar die Tendenz, Figuren als symmetrisch zu deuten, auch wenn sie es gar nicht sind: Ein nicht ganz runder Kreis etwa wird trotzdem als Kreis gesehen, als eine Figur, deren zwei Hälften exakt deckungsgleich sind. Schon die Menschen im antiken Griechenland verbanden mit dem Begriff «Symmetrie», der für Ebenmaß steht, Schönheit, Regelmäßigkeit und Harmonie. Und wenn man sich umsieht, entdeckt man sie überall. In der Natur, in der Kunst und auch in der Technik ist Symmetrie allgegenwärtig – und nützlich: So sind zum Beispiel Flugzeuge, Schiffe und Autos allesamt symmetrisch. Nur das gewährleistet, dass sie sich gleichmäßig fortbewegen können und nicht ins Schleudern geraten. Und natürlich ist auch alles am Mensch, sein Gesicht und sein Körper, symmetrisch gebaut. Evolutionspsychologen konnten zeigen, dass Menschen mit besonders symmetrischen Gesichtern von anderen als attraktiver wahrgenommen werden, ebenso dass Körper, egal ob männliche oder weibliche, schöner wirken, wenn sie symmetrisch sind. Dahinter steckt eine biologische Begründung: Mit diesen Partnern ist die Wahrscheinlichkeit höher, gesunde Kinder zeugen zu können. Studien zufolge haben Frauen und Männer mit symmetrischen Gesichtern im Schnitt tatsächlich mehr Sexualpartner im Leben und insgesamt mehr Nachwuchs.

Körpersymmetrie, so lautet die gängige Erklärung, lässt auf ein gutes Immun- und ein funktionierendes Hormonsystem schließen. Sie zeigt an, dass die Entwicklung des Mannes oder der Frau so verlaufen ist, wie sie es aus biologischer Sicht sollte. Wären etwa die Gesichtshälften ungleich, dann wäre dies ein Hinweis darauf, dass derjenige womöglich unter einer Krankheit leidet, die eine symmetrische Entwicklung verhindert hat.

Das ist nicht nur beim Menschen so, sondern auch überall im Tierreich. Verhaltensforscher haben etwa entdeckt, dass bei den japanischen Skorpionsfliegen die Männchen mit den symmetrischsten Flügeln von den Weibchen deutlich bevorzugt werden. Und auch andere Tierarten fliegen auf Symmetrie: Hummeln auf besonders symmetrische Blüten zum Beispiel. Symmetrie scheint also bei jedem Lebewesen eine Art Indikator für biologische Qualität zu sein.

Symmetrie zu mögen und sich von ihr angezogen zu fühlen, ist aus evolutionärer Sicht also eine vollkommen legitime Sache. Manche Menschen mögen Symmetrien aber noch ein bisschen mehr als andere. Ein Bekannter, Kero, ist so ein Symmetrieliebhaber. Er war neulich in einem Laden unterwegs, als er im Sonderangebot Tassen und Teller sah, die ihm auf Anhieb gefielen. Sie hatten am oberen Rand ein Muster aus kleinen Quadraten, mediterran. Er hatte nicht viel Zeit und im Laden war es voll. Also sammelte er fix sechs Teller und Tassen zusammen, bezahlte und stiefelte nach Hause. Dort packte er das Geschirr erwartungsvoll aus – und zuckte zusammen. Eine der Tassen sah nicht exakt so aus wie die anderen: Statt mit blauen Quadraten war ihr Rand mit blauen Strichen bepinselt.

Genervt hätte das wahrscheinlich jeden ein bisschen. Für Kero aber war es besonders schlimm. Harmonie und Ebenmaß liebt er so sehr, dass er sie im wahrsten Sinne des Wortes maßgeschneidert in seinen Alltag hat bauen lassen. Seinen Schreibtisch im Arbeitszimmer hat er extra anfertigen lassen, damit er genau mittig in die Fensterfront passt und zu jeder Seite gleich viel Platz bis zur Wand bleibt. Er hat auch die Boxen neben dem Tisch symmetrisch ausgerichtet, und seine Gitarren hängen ebenfalls in gleichen Abständen jeweils rechts und links an der Wand. Die «falsche» Tasse im Schrank zu haben, störte Kero so sehr, dass er zurück zum Laden lief, dann weiter zu anderen Filialen der Kette und schließlich überall im Internet nach der fehlenden Tasse mit dem blauen Quadratmuster suchte – alles vergebens. Notgedrungen hat er sich jetzt mit ihr abgefunden. Und inzwischen trinkt er sogar manchmal aus der «falschen» Tasse.

Interessant ist, dass das Prinzip der Symmetrie eng mit einem anderen psychologischen Prinzip verknüpft ist, bei dem Ausgewogenheit ebenfalls das zentrale Kriterium ist: dem der Gerechtigkeit. Gerechtigkeit und Symmetrie ist für das Gehirn fast dasselbe. So sind zum Beispiel Fußballfelder und auch andere Spielfelder streng symmetrisch, weil nur so gewährleistet ist, dass beide Mannschaften unter den gleichen Bedingungen spielen. Beide Prinzipien sind sehr tief im Menschen verankert. Manchmal suchen sich beide daher auch Kanäle, die ein bisschen wunderlich wirken.

So gibt es viele Menschen, die darauf achten, beim Kauen von Knabbereien immer abwechselnd die rechten und linken Backenzähne zu benutzen. Teilweise geht der Hang zur Ausgewogenheit so weit, dass sie die letzte Knabberei in der Mitte durchschneiden oder durchbeißen, um sie auf beide Kauflächen verteilen zu können. Und auch Kero ist nicht nur ganz versessen auf Symmetrie, sondern auch auf Ausgewogenheit: Er stellt sogar im Auto, wenn er die Sitzheizung für sich selbst anmacht, die Heizung für den leeren Platz neben sich mit an, weil es sich so besser für ihn anfühlt.

Bei einigen führt der Wunsch, alles «gerecht» aufzuteilen, sogar dazu, dass sie Mitgefühl für Essen oder andere Dinge entwickeln. In einem Psychologie-Forum schreibt jemand: «Wenn ich zum Beispiel nur vier Äpfel brauche, es aber fünf im Supermarkt gibt, dann kann ich nicht nur vier nehmen, da tut mir der letzte Apfel dann leid und ich muss den mitnehmen.»[8] Und ein anderer hat Mitleid mit einer Treppenstufe: Er beichtet, dass auf seiner Treppe zu Hause die oberste Stufe ein Podest ist, das man einfach übergehen könnte, um in die Wohnung zu gelangen – doch er kann es nicht. Er müsse immer auf die letzte Stufe treten, weil er sonst denke, die Stufe sei traurig, wenn er auf alle träte, nur auf sie nicht. «Wenn ich es mal vergesse, muss ich zurückgehen und auf die Stufe treten, weil ich sie nicht benachteiligen will.»[9]

Natürlich kann man es mit der Liebe zur Symmetrie beziehungsweise zur Gerechtigkeit übertreiben. Harmlos ist alles, was dem Gehirn hilft, sein Bedürfnis nach Symmetrie zu stillen – solange man dadurch nicht sich selbst beeinträchtigt. Wer sich aber etwa in den Daumen der rechten Hand geschnitten hat und das Gefühl hat, sich der Gerechtigkeit wegen auch noch in den Daumen der linken

Hand schneiden zu müssen – wie jemand, der das in einem Forum beichtet –, der sollte doch einmal in sich gehen. Wie immer gilt auch hier: Solange man sich selbst oder anderen keinen Schaden zufügt, ist alles in Ordnung.

5 Alles im Blick

Es gibt einen ganz alltäglichen Ort, an dem man sehr viel über den Menschen lernen kann: den Supermarkt. Um mit einem Korb voller Essen zu Hause anzukommen, muss man beim Laufen durch den Laden eine Entscheidung nach der anderen treffen – und das ist nicht ganz einfach. Menschen haben zwar gern die Wahl, aber eine Entscheidung zu treffen ist ziemlich anstrengend für das Gehirn. Wer nur schnell Brot und Milch kaufen wollte, kommt eher selten tatsächlich ausschließlich mit Milch und Brot aus dem Supermarkt heraus. Das liegt daran, dass in der Regel gut zwei Drittel der Kaufentscheidungen spontan getroffen werden.

Es mag zwar auf den ersten Blick von Vorteil sein, Auswahlmöglichkeiten zu haben, doch die US-amerikanische Wirtschaftspsychologin Sheena Iyengar erzählt in ihrem Buch *The Art of Choosing*, dass Menschen mit vielen Wahlmöglichkeiten gar nicht so gut umgehen können. Je mehr Auswahl sie haben, desto unzufriedener sind sie den Experimenten Iyengars zufolge hinterher mit ihrer Wahl. Immer bleibt der Gedanke, ob eine der Alternativen nicht doch besser gewesen wäre.[10]

David K. aus Magdeburg mag sich dem Entscheidungsdruck und seinen spontanen Impulsen beim Einkaufen nicht aussetzen. Um so wenig wie möglich dem Zufall zu überlassen, schreibt er Einkaufszettel. Das ist für sich genommen natürlich noch nicht ungewöhnlich, aber David schreibt nicht einfach irgendwie auf, was gerade im Haushalt fehlt. Seine Einkaufszettel haben System. Er bringt alles, was er einkaufen möchte, auf dem Einkaufszettel in eine ganz bestimmte Reihenfolge. Liest man den Zettel, begibt man sich auf eine virtuelle Reise durch die Gänge des Supermarktes: Erst läuft man durch die Gemüse- und Obstabteilung, dann schlendert man am Brot vorbei zu den Milchprodukten, kommt an der Fleischtheke vorbei und zu den Drogerieprodukten, bevor es entlang der Regale mit den Süßigkeiten zur Kasse geht. So muss David den Zettel während des Einkaufens einfach nur von oben nach unten abhaken. Allerdings geht er in bis zu vier verschiedene Supermärkte. Daher ist für jeden ein extra Zettel fällig, schließlich sind die Lebensmittel in jedem der Läden ein bisschen anders angeordnet und sortiert. Und natürlich muss er manchmal auch noch in einen weiteren Laden, das Reformhaus zum Beispiel. Auch dafür gibt es dann jeweils eine gesonderte Liste.

Nicht nur David versucht, beim Einkaufen um jeden Preis den Überblick zu behalten. Andere haben ähnliche Methoden entwickelt. So kann man im Supermarkt oft beobachten, dass Leute die Sachen im Einkaufswagen gern nach Kategorien sortieren – sei es, weil sie im Kopf überschlagen, was der Einkauf etwa kosten wird, oder weil sie sich nicht sicher sind, ob auch alles in ihre Taschen oder ihren Rucksack passt.

Manche gehen noch weiter: Sie können Unübersichtlichkeit nicht nur in ihrem Einkaufswagen nicht ertragen, sondern stören sich auch daran, wenn im Supermarkt selbst der Überblick erschwert ist. Im Netz beichtet jemand, dass ihn Unordnung in den Regalen so sehr stört, dass er oft beginnt, die Waren in die richtige Reihenfolge zu sortieren. «Ich sortiere sie nach Farbe, Größe, Sorte etc. Oder wenn etwas im falschen Regal steht, habe ich einfach das Bedürfnis, es in das richtige Fach zu stellen.»[11] Ein anderer schätzt den Überblick auch nach dem Einkaufen noch derart, dass er auf alle gekauften Lebensmittel Preis, Datum und Ort schreibt, wo er das Produkt erworben hat. «Dann freue ich mich immer, wenn ich nachsehen kann, wo und zu welchem Preis ich das jeweilige Produkt gekauft habe.»[12]

Das Gehirn liebt es, alles im Blick zu haben und sich perfekt orientieren zu können. Denn das ermöglicht eine präzise Einschätzung der eigenen Lage und die Planung der Zukunft – etwa wie viel Zeit der Einkauf in Anspruch nehmen und was er kosten wird, wie schwer die Taschen werden oder wie lange nach diesem Einkauf der Kühlschrank voll sein wird. Den Überblick zu haben, erlaubt es, sich sehr schnell an neue oder sich ändernde Umgebungen anzupassen.

Die Gedächtniszentrale im Gehirn, der Hippocampus, ist die Struktur, die auch für die mentalen Landkarten zuständig ist. Zehntausende hoch spezialisierte Nervenzellen, die Ortszellen und die Gitterzellen, bilden dort eine Art inneres Koordinatensystem, das die Position des Menschen im Raum blitzschnell erfasst. Während die Ortszellen signalisieren, an welcher Position man sich gerade befindet, ermöglichen die Gitterzellen eine Schätzung, wie weit verschiedene Dinge voneinander entfernt sind. Drei Dimensionen klopft der Hippocampus ab, wenn er sich einen solchen Überblick verschaffen will: Er erfasst die Zeit und die Zeitdimensionen, in denen sich Dinge abspielen oder abspielen könnten, er scannt den Ort und versucht, schnell eine mentale Landkarte im Kopf zu erstellen, und er verschafft sich blitzschnell einen Überblick darüber, in welchem Verhältnis man selbst zu diesem Ort steht, ob man ihn mag oder nicht, kennt oder nicht, ob andere Personen anwesend sind, ob sie bekannt oder unbekannt sind und ob von ihnen möglicherweise Gefahr ausgeht.

Besonders intensiv macht er das, wenn man alleine unterwegs ist. Der Mensch ist als Herdentier sehr darauf gepolt, anderen hinterherzutrotten. Sobald sich also in einer Gruppe jemand findet, der Bescheid zu wissen und den Überblick zu haben scheint, schalten sich die Gehirne der anderen in der Gruppe weitestgehend ab –

zumindest was die Orientierung betrifft. Ist man allein, geht das aber nicht. Dann wird das Gehirn zu einem Spürhund, und auch jene, die von sich sagen, nicht gerade das beste Orientierungsvermögen zu besitzen, finden sich irgendwie doch zurecht.

Die Orientierungsreflexe sind beim Menschen also in ganz besonderem Maße ausgeprägt. Zwar haben auch Tiere die Fähigkeit, sich schnell zu orientieren, doch ihnen fehlt die Möglichkeit der Abstraktion und der Projektion in die Zukunft. Die Fähigkeit des Menschen, sich einen Überblick zu verschaffen, hat ihm in der Geschichte oft das Leben gerettet – und so hat sich das Bedürfnis nach Orientierung und Überblick tief in das Gehirn eingraviert.

Wie wichtig diese Fähigkeit ist sieht man an Menschen, denen sie abhandengekommen ist: Alzheimer-Patienten zum Beispiel verlieren nach und nach die Fähigkeit, sich zu orientieren, und zwar sowohl zeitlich als auch räumlich und in Bezug auf Personen. Für sie ist der Alltag mit dem Fortschreiten der Erkrankung zunehmend schwieriger zu bewältigen, bis sie am Ende ohne Hilfe von anderen überhaupt nicht mehr in der Lage sind, ihr Leben zu organisieren. Sie sind gewissermaßen verloren in einem Raum und einer Zeit, dessen Ausmaße und genaue Beschaffenheit sie nicht mehr erschließen können. Der Supermarkt ist also nur ein simples Beispiel dafür, wie süchtig das Gehirn nach Orientierung ist. Danach, genau darüber Bescheid zu wissen, wo es sich gerade befindet, mit wem es dort ist und wie lange es dort etwa sein wird.

Die Liebe zum Überblick bleibt aber natürlich auch außerhalb davon bestehen. Bei David K. jedenfalls ist das so. Der Kulturwissenschaftler braucht den Überblick immer und überall. Schon als Kind blätterte er lange in Atlanten herum, um sich die Welt von oben anzusehen, das große Ganze im Blick zu haben. Diesen Über-Blick hat er sich bis heute erhalten. In seiner Küche finden sich an jedem Schrank Inventarlisten, die beinhalten, wie viel Pasta, wie viele Linsen und wie viele Kartoffeln noch da sind.

Weil ihm manchmal Leute sagen, dass er es ein bisschen übertreibe mit seinen Listen, versucht er jetzt, es etwas entspannter anzugehen. Dabei hilft ihm sein neuer Job, der so viel Raum einnimmt, dass David seiner Obsession für die Einkaufszettel nicht mehr ganz so penibel nachgehen kann. Allerdings kommt ihm sein Job dafür inhaltlich sehr entgegen: David erforscht in einem Projekt an seiner Universität, wie sich das Ernährungs- und Konsumverhalten nach der Wiedervereinigung verändert hat. Er hört sich nun an, wie andere Leute früher einkaufen gegangen sind und wie sie heute noch einkaufen. Nicht alle von ihnen schreiben Einkaufszettel. Aber viele.

Übersprungshandlungen und Automatismen

In diesem Kapitel geht es um Spleens, die einem selbst meist gar nicht auffallen. Es sind Verhaltensmuster, die sich mit der Zeit einfach so ins Leben geschlichen haben, ohne dass man es selbst bemerkt hat. Die Rede ist von Übersprungshandlungen und Automatismen – beide laufen in den meisten Fällen komplett unbewusst ab.

Übersprungshandlungen sind Verhaltensweisen, die für den Beobachter zumeist unerwartet kommen und in der konkreten Situation wenig angemessen und hilfreich erscheinen. Sie erwecken nicht den Eindruck, zu dem zu passen, was vorher passiert ist, und auch nicht zu dem, was danach folgt. Vom Zoologen Konrad Lorenz stammt das bekannteste Beispiel einer solchen Übersprungshandlung: Zwei Hähne streiten sich um das Territorium, auf dem sie sich gerade befinden. Wie kann man diese Frage klären? Die Hähne können entweder kämpfen oder sie können fliehen und dem anderen das Feld überlassen. Eine schwierige Entscheidung. Die eine Alternative verspricht mehr Erfolg, die andere birgt weniger Risiko. Während in den Köpfen der Hähne dieser Konflikt bearbeitet wird, stehen sich die Kontrahenten aber schon gegenüber, eine sehr unangenehme Situation. Was also tun?

Konrad Lorenz hat beobachtet, dass beide Hähne erst mal ein paar Körner picken. Ein Verhalten, das unerwartet ist, der Klärung der Territorialfrage überhaupt nicht dient und auch sonst ziemlich sinnlos anmutet. Hunger scheidet als Erklärung aus, wenn gerade ein Kampf im Raum steht. Das Picken wird als Handlungsalternative gewählt, weil es den Hähnen Zeit verschafft, um ihre Möglichkeiten zu sondieren und ihre Erfolgschancen einzuschätzen. Außerdem beruhigt es. Übersprungshandlungen sind vor allem dazu da, Stress zu mindern. Deshalb findet man unter ihnen oft Verhaltensweisen, die in die Bereiche Nahrungsaufnahme, Fortpflanzungsversuche oder sogenanntes Komfortverhalten fallen, also dazu führen, dass es einem schnell besser geht. Letzteres sieht man besonders oft bei Menschen, die solche Beruhigungsgesten sehr gerne und häufig nutzen, wie in diesem Kapitel deutlich wird.

Automatismen laufen ebenso hochgradig unbewusst ab wie Übersprungshandlungen. Auch sie haben mit Stress zu tun, aber in anderer Hinsicht: Sie sollen verhindern, dass er überhaupt erst entsteht. Automatismen sind Versuche des Gehirns, Abkürzungen zu finden, um geistige Kapazitäten zu sparen. Bestimmte Reize, die oft zusammen auftreten, verknüpft das Gehirn deshalb. Es verknüpft die zwei Reize so fest, dass beim nächsten Auftreten des einen Reizes unmittelbar der andere ausgelöst wird. Das klingt ziemlich abstrakt, deshalb auch dazu das bekannteste Beispiel: Der russische Physiologe Iwan Petrowitsch Pawlow experimentierte im Jahr 1905 mit Hunden im Labor. Dabei entdeckte er eher zufällig, dass die Hunde, kurz bevor sie gefüttert wurden, schon deutlich mehr Speichel produzierten als sonst – so als würde sich ihr Körper auf das Futter, das im Anmarsch war, vorbereiten. Im Anmarsch ist die richtige Bezeichnung, denn Pawlow stellte fest, dass die Hunde auf die sich nähernden Schritte ihres Besitzers zu reagieren schienen. Sobald sie diese hörten, floss der Speichel.

Um seine Hypothese zu bestätigen, unterzog er die Hunde einem Experiment. Er ließ eine Glocke im Labor anbringen, die jeweils kurz vor der Fütterungszeit einmal bimmelte. Anfangs interessierte dieses Bimmeln die Hunde überhaupt nicht, weil der Reiz für sie keine Bedeutung hatte. Doch ihr Gehirn lernte schnell, dass auf das Bimmeln zuverlässig das Futter folgte. Nach einigen dieser Durchgänge reagierten die Hunde auf den Glockenton sofort mit vermehrtem Speichelfluss, genau so, wie Pawlow es vorher in Zusammenhang mit den Schritten des Besitzers festgestellt hatte.

Diesen Automatismus nannte der Wissenschaftler die klassische Konditionierung. Sie ist die einfachste Form des Lernens und kommt immer dann zum Einsatz, wenn bestimmte Reize zuverlässig und zeitlich eng nacheinander folgen. Oft folgt dabei auf einen Reiz aus der Umwelt, wie das Glockenbimmeln, eine körperliche Reaktion, wie der Speichelfluss. Die Konditionierung erleichtert es dem Gehirn, sich auf die Zukunft einzustellen, und erlaubt es ihm, schneller zu reagieren. Außerdem spart es Ressourcen, zwei Reize so eng miteinander zu verknüpfen, dass der eine dem anderen automatisch folgt – denn so braucht man das Bewusstsein nicht jedes Mal damit zu belästigen.

Das ist allerdings der Grund, warum man spleenige Automatismen und Übersprungshandlungen in der Regel selbst nicht bemerkt. Singles sind etwas anfälliger für diese Art von Macken, da niemand ihnen ihre Automatismen und Übersprungshandlungen spiegelt. Viele der kleinen Marotten bemerkt man an anderen nämlich nur dann, wenn man Menschen gut kennt und viel Zeit mit ihnen verbringt – davon abgesehen, dass man sie auch nur auf ihre Macken anspricht, wenn man sich ihnen wirklich nahe fühlt. Und es gibt noch einen Grund, warum gerade Übersprungshandlungen häufiger bei Menschen auftreten, die viel alleine sind. Wie die US-Psychologen Brooke Feeney und Lee Kirkpatrick in Studien zeigen konnten, reicht allein die Anwesenheit des Partners aus, um Stress, Unruhe oder Nervosität jeder Art zu reduzieren oder gar nicht erst aufkommen zu lassen.[1] Wer keinen Partner hat oder zumindest nicht in räumlicher Nähe, der muss sich demnach mit viel mehr kleinen Stresserlebnissen alleine herumschlagen – und sich selbst zu helfen wissen.

1 Die Kraft der Geste

Manche Menschen reden mit ihren Händen. Sie gestikulieren wild, wenn sie erzählen oder diskutieren, sie unterstreichen alles Gesagte mit ganz bestimmten Handbewegungen. Man hat das Gefühl, sie könnten gar nicht weitersprechen, wenn ihnen die Hände gebunden wären. Das Interessante an solchen Gesten ist, dass sie in aller Regel völlig unwillkürlich und spontan auftreten und man sie schlecht kontrollieren kann. Im Netz schreibt zum Beispiel jemand, dass er alles, was er sagt, mit Gesten unterstreichen müsse, er könne es einfach nicht abstellen. Selbst wenn seine Hände gar nicht frei seien, fuchtelten sie herum, sobald er spreche. Es komme deshalb häufiger vor, dass er etwas verschütte. Er habe auch schon einmal Leute versehentlich verletzt, weil er beim Erzählen eine Schere in der Hand gehalten habe.[2]

Die Psychologen Paul Ekman und Wallace Friesen, zwei US-amerikanische Forscher, die sich vor allem mit nonverbaler Kommunikation beschäftigt haben, nennen solche Gesten Illustratoren, weil sie dabei helfen, den Inhalt des Gesagten wiederzugeben. Es gibt aber noch andere Arten von Gesten. Ein guter Freund, Thomas etwa, ist an sich kein großer Gestikulierer. Er hat aber eine besondere Geste, die sehr auffällig ist. Wenn Thomas redet, während er noch denkt, besonders wenn er jemanden zu überzeugen versucht oder sich rechtfertigt, dann hält er während des Sprechens plötzlich beide Arme angewinkelt in Taillenhöhe – und beide Daumen schnellen in die Höhe. Mit dieser unerwarteten Daumenhoch-Geste sieht er sehr selbstbewusst aus, so als würde er sagen: «Thomas, das war gerade ein echt kluger Satz.» Das ist für den Zuschauer ziemlich lustig und für Thomas ein bisschen peinlich, denn er selbst bemerkt gar nicht, dass er diese Geste macht, und er kann sie auch nur sehr schwer willentlich unterdrücken. Sie scheint aus dem Nichts zu kommen.

Die Daumen-hoch-Geste ist in der Theorie von Ekman und Friesen eigentlich ein sogenanntes Emblem: eine Geste, die innerhalb eines Kulturkreises eine gemeinhin bekannte Bedeutung hat, also eine Art Symbol ist. Sie kann ein einzelnes Wort oder sogar ganze Sätze ersetzen. Beim Daumen also wäre das so etwas wie «alles klar», «super» oder «einverstanden». Thomas aber nutzt diese Geste nicht bewusst – sie entsteht einfach, während er spricht. Solche Gesten nennen die beiden Wissenschaftler Adaptoren. Das sind kleine Übersprungshandlungen, die dabei helfen, negative Gefühle wie Unruhe, Stress oder Aufregung zu regulieren. Man kann sie deshalb immer dann beobachten, wenn jemand nervös ist. Auf dem Stuhl herumzurutschen zählt dazu, ebenso mit einem Stift oder Schlüsselbund zu spielen, sich an Kopf, Hals oder Kinn zu kratzen, sich die Nase zu reiben. Je häufiger man das tut, desto nervöser ist man, wie der italienische Psychiater Alfonso Troisi von der Universität Tor Vergata in Rom herausfand.[3] Ekman und Friesen stellten außerdem die Regel auf: Je körpernäher ein Adaptor auftritt, desto eher ist er ein Anzeichen von Stress. Das Spielen mit dem Schlüssel kann manchmal auch einfach eine Gewohnheit sein, das Kratzen am Kopf aber ist laut den Psychologen immer ein Ausdruck innerer Anspannung.

Wenn bei Thomas die Daumen hochschnellen, nutzt er also unwissentlich und unwillentlich einen solchen Adaptor, um seine momentane Unsicherheit in den Griff zu bekommen. Das ist ziemlich clever, weil diese Beruhigungsgeste als Emblem zugleich sehr positiv besetzt ist. Und sie hat sogar noch eine zweite positive Wirkung: Thomas unterstützt sich damit emotional selbst. Psychologen wissen inzwischen, dass Gefühle, die durch Mimik und Gestik zum

Ausdruck gebracht werden, nicht nur ein Zeichen dafür sind, dass man sie tatsächlich fühlt – man kann sie auch gerade deshalb empfinden, weil man sie zeigt. Gefühle können also nicht nur von innen nach außen wirken, sondern tatsächlich auch andersherum, von außen nach innen.

Unter anderem konnte dies der französische Psychologe Robert Soussignan in einer Studie bestätigen.[4] Seine Versuchspersonen sollten einen Stift zwischen ihre Zähne nehmen und dort festhalten. Dabei wurden die Probanden in verschiedene Gruppen aufgeteilt: Die Versuchsteilnehmer einer Gruppe sollten den Stift so halten, dass sie sozusagen unfreiwillig den Mund zu einem Lächeln verzogen. Und siehe da: Diese Gruppe fühlte sich nach dem Versuch am besten. Paul Ekman konnte durch die Messung der Gehirnströme bei solchen Versuchen nachweisen, dass es keine Rolle spielt, ob das Lächeln «echt» oder «falsch» ist. Der Körper scheint in beiden Fälle die gleichen physiologischen Prozesse anzustoßen. Diesem Prinzip folgend sollte die Daumen-hoch-Geste von Thomas ihm zumindest ein bisschen seine Unsicherheit nehmen und ihn zuversichtlich machen.

Ekman und Friesen haben neben diesen sogenannten Selbstadaptoren aber auch noch zwei weitere entdeckt: zum einen Objektadaptoren, bei denen man, wie der Name schon sagt, die Beruhigung aus einem Objekt zieht. Beim Rauchen ist das zum Beispiel der Fall. Zum anderen fanden die Wissenschafler etwas, das sie Veränderungsadaptoren nannten: Bewegungsabläufe, die im Zuge der Handhabung von Gegenständen erlernt wurden, und sich zur Beruhigung sozusagen verselbständigt haben.

In das Leben von Jenni V. aus Gladbeck hat sich ein solcher Veränderungsadaptor eingeschlichen. Die 35-Jährige hat nämlich ein besonderes Verhältnis zu der Fernbedienung ihres Fernsehers. Wenn sie es sich abends nach einem langen Tag im Job auf der Couch gemütlich macht, muss sie erst Folgendes tun, bevor sie den

Fernseher einschaltet: Jenni zählt alle 54 Tasten auf der Fernbedienung einmal durch, von oben links nach unten rechts. Jede der Tasten drückt sie beim Zählen genau einmal, und zwar genau in der Mitte. Trifft sie nicht genau dorthin, fängt sie noch einmal von vorne an. Jenni macht das, seit sie im Alter von 18 Jahren von zu Hause ausgezogen ist – und immer, wenn sie sich allein gefühlt hat, den Fernseher angeschaltet hat. Irgendwie sei das mit dem Zählen dann von alleine entstanden. Sie hat sonst aber keinen Zahlentick, wie sie selbst sagt. Bei ihr beschränkt sich das Zählen ausschließlich auf die Knöpfe ihrer Fernbedienung. Was sie aber noch gern tut: Sie sieht sich Filme, die sie mag, so oft an, bis sie die einzelnen Sätze der Protagonisten mitsprechen kann. Jenni scheint also aus Wiederholungen Ruhe und Sicherheit zu ziehen. Das Zählen der Fernbedienungstasten hat sie in dieses Muster einfach miteinbezogen, ohne sich darüber bewusst zu sein.

Zum ersten Mal allein in einer Wohnung zu leben, bringt alle bisherigen Gewohnheiten durcheinander. In dieser Situation fand Jenni Halt und Orientierung darin, die Tasten ihrer Fernbedienung zu zählen. Jeder findet da seinen eigenen Weg. Das Schöne am menschlichen Gehirn ist: Manchmal löst es Probleme schnell und einfach, ohne dass das Bewusstsein überhaupt etwas davon mitbekommt. Sehr ressourcensparend und effektiv. Jenni hat schließlich nicht bewusst Strategien ausprobiert, um sich ein Gefühl von Sicherheit und Stabilität zu verschaffen. Das ging alles von ganz alleine. Einmal die Tasten durchzuzählen kostet nur wenig Zeit und funktioniert für sie offenbar wunderbar.

Natürlich gäbe es auch andere Methoden, um sich emotionalen Halt zu verschaffen. Jemanden anzurufen wäre zum Beispiel auch eine Möglichkeit gewesen. Jennis Gehirn aber fand das Zählen irgendwie passend – und das war es für sie ja auch.

2 Ganz die Eltern

Wenn die kleine Tochter von Ines K. eine Auszeit braucht, ist das ziemlich offensichtlich. Die Vierjährige fängt dann an, sich ihre langen blonden Haare um den Finger zu wickeln, immer und immer wieder. Das macht sie auch zum Einschlafen: Sie guckt verträumt an die Decke, zwirbelt ihre Haare, und langsam wird ihre Atmung ruhiger und tiefer. Diese Marotte hat die Kleine schon eine ganze Weile, und sie hat sich so verfestigt, dass Ines ihrer Tochter inzwischen morgens vor dem Kindergarten immer eine Frisur macht, die es erlaubt zu wuscheln und zu zwirbeln – sonst macht das Mädchen nämlich keinen Mittagsschlaf, wie die Erzieher berichtet haben.

Auch Ines hat blonde Locken, und sie kann ihre Tochter gut verstehen. Das Haarezwirbeln liegt nämlich in der Familie. Schon ihrer Oma half das bei der Stressbewältigung und Selbstberuhigung. Die Oma hat, wenn sie gestresst war, immer ihren Haarknoten aufgelöst und sich lange durch die Haare gewuschelt. Ines zwirbelt in solchen Situationen gern einzelne Haarsträhnen, wie ihre Tochter. «Bei mir stellt sich dadurch ein Gefühl von Ruhe und Geborgenheit ein», sagt sie. «Nach ein paar Minuten bin ich dann wieder so entspannt, dass ich mit der Situation umgehen kann.» Sie müsse das zwar nicht unbedingt machen, sagt sie, aber wenn sie es unterlasse, dann bleibe sie eben auch nervös oder werde sogar noch gestresster. In der Öffentlichkeit versucht sie, ihre kleine Haar-Marotte weitgehend zu verbergen, und zwirbelt deshalb am ehesten zu Hause. Menschen, die Ines gut kennen, wissen dann aber natürlich sofort, was los ist.

Ines arbeitet in der Wissenschaft auf dem Gebiet der Genetik und fragt sich deshalb, ob das Haarezwirbeln wohl vererbt ist, da es sich so auffällig durch die weibliche Seite ihrer Familie zieht. Das hat leider noch niemand untersucht, aber für Psychologen ist das

Haarezwirbeln trotzdem ein Begriff. Sie zählen es zu den sogenannten nervösen Angewohnheiten, die vor allem bei Kindern im Vorschulalter ziemlich typisch sind. Im Grunde funktionieren sie wie die Beruhigungsgesten aus dem vorigen Beispiel. Den anderen Namen haben ihnen Psychologen aber deshalb gegeben, weil für die nervösen Angewohnheiten typisch ist, dass sie nicht nur eine ganz bestimmte Stresssituation abmildern, sondern dabei helfen, ganze Entwicklungsphasen besser zu durchlaufen. Manche Kinder brauchen in einem bestimmten Alter ständig einen Schnuller, andere nuckeln an ihrem Daumen oder beißen auf den Nägeln herum. Wieder andere fangen an, ständig nervös zu zwinkern oder die Nase hochzuziehen. Nervöse Angewohnheiten können für andere etwas nervig sein, dem Kind helfen sie aber, Zeiten großer Aufregung oder Nervosität besser auszuhalten. Weil solche inneren Anspannungen häufiger sind, wenn Kinder in ihrer Entwicklung gerade einen Sprung machen oder sich größere Veränderungen im Alltag ergeben haben, zum Beispiel ein Umzug der Familie, treten Ticks in Phasen wie diesen häufiger auf.

Aber wie die Beruhigungsgesten sind auch nervöse Angewohnheiten ein Versuch, Stress zu bewältigen. Später in der Entwicklung verlieren sich die meisten dieser Angewohnheiten oder verändern sich – Erwachsene greifen dann zum Beispiel eher zur Zigarette als zum Schnuller. Der Effekt ist aber der gleiche. Ines raucht nicht, dafür hat sich bei ihr aber das Haarezwirbeln bis ins Erwachsenenalter gehalten. Wie ein Blitzableiter löst dieses Verhalten bei ihr innere Anspannung oder Aufregung in Luft auf.

Auch wenn Ines' Frage nach der Genetik wissenschaftlich noch nicht geklärt ist: Dass nervöse Angewohnheiten innerhalb einer Familie häufiger auftreten, ist kein Zufall. Erklären lässt sich dieses Phänomen mit einer Sonderform des Lernens, die der kanadische Psychologe Albert Bandura entdeckte. Im Jahr 1965 fand der Verhaltensforscher bei Experimenten mit Kindern heraus, dass diese nicht nur über Belohnung oder Bestrafung lernen, sondern auch durch die pure Nachahmung anderer. Dieses Lernen am Modell, wie er es nannte, funktionierte, wenn das Vorbild sich positiv verhielt, aber auch dann, wenn es negative Verhaltensweisen zeigte. Trat ein Erwachsener im Labor vor den Augen der Kinder aggressiv auf und boxte und beschimpfte eine große Plastikpuppe, dann machten es die Kinder ihm bei der nächsten Gelegenheit nach – obwohl sie wussten, dass ein solches aggressives Verhalten sozial nicht besonders akzeptiert ist.

Es scheint, als gebe es bei Kindern geradezu einen Automatismus der Nachahmung. Das Lernen am Modell ist so erfolgreich, weil es ermöglicht, nicht nur eine bestimmte Handlung zu erlernen, sondern gleich ein ganzes und oft komplexes neues Verhaltensmuster zu übernehmen. Das Beobachtungslernen funktioniert vor allem dann gut, wenn sich das Kind und das Modell emotional nah sind, und das Kind zum Modell aufblickt. Und noch eine letzte Bedingung muss hinzukommen: Das neu gelernte Verhalten muss sich irgendwie lohnen.

Für die Tochter von Ines K. hat es sich gelohnt, das Haarezwirbeln zu übernehmen. Überhaupt lohnt es sich für Kinder, Verhaltensweisen ihrer Eltern zu übernehmen. So werden viele Kinder mit der Zeit ihrer Mutter und ihrem Vater immer ähnlicher, bis weit ins Erwachsenenalter hinein. Das passiert so automatisch, dass sie andere oftmals darauf hinweisen müssen. Manche fragen sich dann, warum sie auch Verhaltensweisen ihrer Eltern übernehmen, die sie eigentlich gar nicht mögen. Felicitas B. aus der Nähe von Berlin zum Beispiel hat gleich eine ganze Reihe von Ticks von ihrer Mutter übernommen, obwohl sie diese früher immer genervt haben – der sehr ausgeprägte Aberglauben ihrer Mutter zum Beispiel. Unter Leitern durchzugehen, bringe Unglück, Schuhe auf dem Tisch abzustellen ebenfalls. Vollkommener Quatsch, fand Felicitas als Kind und machte sich immer ein bisschen lustig über ihre abergläubische Mutter.

Heute aber benimmt sich Felicitas genau wie ihre Mutter damals. Dabei will sie das gar nicht. Kommt ihre Tochter vom Einkauf nach Hause und stellt ihre neu gekauften Schuhe auf den Tisch, dann hat Felicitas sie auf den Boden gestellt, bevor sie überhaupt nachdenken konnte. Dass sie unter keiner Leiter durchgeht, war ihr nicht einmal bewusst, bis es ihr jemand sagte. Völlig automatisch kurvt sie um die Leiter herum. Es ärgert Felicitas ein bisschen, dass sie ihr Verhalten oft nicht unter Kontrolle hat, aber vor allem wundert es sie. Sie ist doch eine kluge Frau, warum macht ihr Kopf solche Alleingänge – so als hätte sie selbst dabei gar nichts zu melden?

Vielleicht beruhigt es Felicitas zu hören, dass es keineswegs nur ihr so ergeht. Als der US-Grußkartenhersteller Hallmark vor einigen Jahren 1000 Leuten befragte, ob und wie sie im Laufe der Jahre ihren Eltern ähnlicher wurden, kam heraus: Zwei Dritteln aller Frauen fiel es ab dem Alter von etwa 32 Jahren auf, dass bei ihnen plötzlich bestimmte Formulierungen, kleine Ticks oder Marotten auftraten, die sie in der Kindheit bei ihrer Mutter erlebt hatten. Sie begannen, sich die gleichen Sorgen zu machen wie diese, Sammelvorräte im Haushalt anzulegen oder ebenso schnippisch zu werden. Vor allem jedoch gegenüber ihren Kindern verfielen sie in die Rolle, die sie von der eigenen Mutter kannten. Und auch ein Drittel der befragten Männer gab zu, an sich einige Spleens ihrer Mütter zu beobachten – ob sie auch Marotten ihrer Väter übernahmen, wurde leider nicht gefragt. Teilweise mögen diese Verhaltensweisen die Einstellungen widerspiegeln, die man sich bewusst entschlossen hat beizubehalten. Häufiger aber erwischt man sich wie Felicitas dabei, wie einem etwas herausgerutscht, das man so nicht sagen wollte, oder wie man etwas tut, das so nicht geplant war.

Das Gehirn spart gern Kapazitäten, wo immer es möglich ist. Es speichert erfolgreiche Verhaltensweisen – und als solche gelten jene, die sich bei anderen als erfolgreich erwiesen haben – in neuronalen Netzwerken, sodass sie möglichst schnell wieder abgerufen werden können. Dabei bilden die Nervenbahnen, die sich früh entwickelt haben, besonders dicke Stränge. Auf diese «Datenautobahnen» greift das Gehirn aus Effizienzgründen automatisch zurück.

Warum aber behält man ein Verhalten selbst dann bei, wenn man es am liebsten loswerden will? Weil das Gehirn Verhaltensweisen nicht danach bewertet, ob sie nervig sind oder nicht, sondern danach, ob sie erfolgreich sind. Wenn die Mutter früher im Streit mit dem Vater zum Beispiel oft laut wurde, dann kann man das als Kind nervig finden, doch das Gehirn lernt: Laut sein funktioniert, damit setzt man seine Interessen erfolgreich durch. Probiert das Kind das Lautwerden bei einem Streit einmal aus und hat damit Erfolg, dann verfestigt sich das Verhalten sofort. Wenn einmal Erlerntes als feste Abfolge gespeichert ist, auf die bei passender Gelegenheit unbewusst, also schnell und unreflektiert, zurückgegriffen wird, dann kann man sich nur noch schwer gegen den entstandenen Automatismus wehren.

Besondern häufig kommen die Ticks hervor, wenn man unter Stress steht – in Konfliktsituationen zum Beispiel. So erklärt es die Psychotherapeutin Silvia Dirnberger-Puchner in ihrem Buch *Werden wir wie unsere Eltern?*.[5] Laut Dirnberger-Puchner gibt es aber Anlass zur Hoffnung: Selbst die hartnäckigsten der übernommenen Angewohnheiten lassen sich wegtrainieren. Nicht von heute auf morgen, aber mit etwas Zeit könne es gelingen. Gut sei es, zunächst zu verstehen, wie genau das Verhalten entstanden ist und warum das Gehirn es immer noch für sinnvoll erachtet, daran festzuhalten. Dann könne man versuchen, sich für Situationen, wo die Mutter – oder der Vater – in einem zum Vorschein kommt, Handlungsalternativen zu überlegen.

Eine andere Möglichkeit ist natürlich, den Vater oder die Mutter in sich selbst zu akzeptieren oder gar zu kultivieren. So fragt Lara Fritzsche in einem Text im *Süddeutsche Zeitung Magazin*, was denn eigentlich so schlimm daran sei, wenn sie immer mehr so werde wie ihre Mutter. «Ich schmiere inzwischen für jede noch so kurze Autofahrt Butterbrote, habe Wollsocken in der Handtasche, lecke mir zum Magazinedurchblättern die Zeigefingerkuppen an, beschimpfe andere Verkehrsteilnehmer, bügle Geschirrtücher, wische das Spülbecken trocken und kann es nicht leiden, wenn Leute vor mir langsam oder hinter mir schnell gehen», schreibt sie. Das sei manchmal nervig, natürlich. Aber wenn sie es sich richtig überlege, war das alles an ihrer Mutter auch ganz liebenswert.

3 Jetzt knackt's

Seitdem einige Leute wissen, dass ich ein Buch über Marotten schreibe, erzählen sie mir natürlich auch von ebensolchen. Einige Spleens tauchen dabei häufiger auf als andere. Das Fingerknacken ist einer von den Ticks, die sehr oft genannt werden. Das mag daran liegen, dass es offenbar nur zwei Sorten von Menschen gibt: jene, denen das Knacken mit den Gelenken an Fingern, Füßen, im Rücken oder am Hals ein ungeheures Gefühl der Erleichterung und Befreiung verschafft, und jene, denen das Knacken ganz furchtbar auf die Nerven geht. Letztere finden es aber nicht nur unangenehm, sondern halten es oft auch für gesundheitsschädigend. Besorgte Frauen schreiben in Internetforen von ihren zappeligen Männern, die nicht still sitzen und abends vor dem Fernseher unentwegt mit ihren Gelenken knacken, und Orthopäden diskutieren auf Gesundheitsportalen, ob die Angewohnheit nun wirklich Arthritis verursachen könne oder nicht.

Ich habe Tim N. gefunden, der ein ziemlich glücklicher Fingerknacker ist. Auch Tim wackelt und zappelt, wenn seine Hände nichts zu tun haben. Vielleicht ist das gerade deshalb so, weil seine Hände sein wichtigstes Arbeitsinstrument sind: Tim ist Schlagzeuger und Gitarrist. Er ist immer wieder mal auf Tour und arbeitet zwischendurch an seinem eigenen Musik-Projekt.

Als ich ihn spreche, hat Tim gerade einmal etwas Seltenes erlebt, einen freien Tag nämlich, und er findet das «unfassbar gut». Aber an solch seltenen, ruhigen Tagen fällt ihm dann auf, dass sein Körper das irgendwie gar nicht mehr so richtig kann: zur Ruhe kommen. Er wackelt unablässig mit den Füßen, im Sitzen, im Stehen, im Liegen. Eigentlich die ganze Zeit. Und dazu kommt noch das Fingerknacken. Keine halbe Stunde vergeht, wo er es nicht tut. An diesem freien Tag hat er extra auf die Uhr geguckt, um es genau beziffern zu können. Ihm sei schon klar, dass die Zappelei seine innere Unruhe und Nervosität spiegle, aber es komme eben automatisch. Um das Zappeln und Knacken abzustellen, müsste er sich wirklich konzentrieren, sagt er. Mit den Fingern zu knacken, entspanne ihn einfach, schnell und unkompliziert.

Warum das so ist, weiß man bisher nicht, obwohl sich schon einige Wissenschaftler mit dieser Frage abgemüht haben. Vielleicht gibt es ja tatsächlich den Effekt körperlicher Entspannung nach dem Knacken, den man nur noch nicht gefunden hat. Wahrscheinlicher aber ist, dass der Entspannungseffekt rein psychologischer Natur ist. Das Fingerknacken hat sich mit dem Gefühl von Erleichterung oder Entspannung verknüpft. Es lässt sich so jederzeit wie auf Knopfdruck herbeiführen – eine klassische Konditionierung.

Wissenschaftlich geklärt ist aber inzwischen immerhin, woher das sehr spezielle Geräusch beim Fingerknacken kommt. Lange wussten Wissenschaftler nur, dass sich der Spalt zwischen den Knochen bis zum Dreifachen vergrößern kann, wenn man an den Fingern zieht. Einige Forscher vermuteten, dass das ploppende Geräusch durch eine zerplatzende Blase im Spalt des Gelenkes entsteht, andere glaubten, die zurückschnellenden Bänder würden das Geräusch verursachen. Eine Untersuchung von Wissenschaftlern um Gregory Kawchuk von der kanadischen University of Alberta legt aber nahe, dass eine andere Erklärung wahrscheinlicher ist.[6] Jerome Freyer, einer der Mitautoren der Studie, gab dafür im Dienst der Wissenschaft jeden seiner Finger einzeln her. Er schob einen nach dem anderen isoliert in einen speziellen Kernspintomografen, mit dem sich Bewegungsabläufe festhalten lassen. Freyer knackte dort aber seine Finger nicht selbst, sie wurden geknackt.

Der jeweilige Finger wurde in einer Art Röhre befestigt, am anderen Ende war ein Kabel angebracht. Daran zogen die Forscher und zeichneten so den Moment des Knackens im Kernspintomografen auf. Das knackende Geräusch, so ihre Schlussfolgerung, entsteht wohl tatsächlich dadurch, dass sich ein Hohlraum im Gelenk bildet. Werden die Gelenkoberflächen getrennt, dann sei nicht mehr ausreichend Flüssigkeit vorhanden, um das größere Gelenkvolumen zu füllen. So bilde sich eine Art Vakuum, welches das Geräusch erzeuge. Zwar gilt die Erklärung streng genommen erst einmal nur für Jerome Freyer, denn eine andere Person wurde nicht untersucht, aber es ist ein erster stichhaltiger Hinweis nach langem Grübeln Seitens der Wissenschafler.

Bereits seit Längerem hingegen ist klar, dass Tim und all die anderen Fingerknacker sich ihre Hände mit ihrem kleinen entspannenden Spleen nicht kaputt machen. Durch das Fingerknacken könnte sich der Knorpel abnutzen und Arthrose entstehen, so lautete lange die Befürchtung. Doch mehrere Studien konnten inzwischen belegen, dass Fingerknacker nicht häufiger als andere unter einer chronischen Gelenkentzündung leiden, egal wie oft und über wie viele Jahre sie diesem Spleen frönten. Und dann gab es noch eine ziemlich spektakuläre Einzelfallstudie:[7] Der Arzt Donald Unger knackte im Selbstversuch mehr als 60 Jahre lang nur die Finger seiner linken Hand zweimal täglich, die rechte ließ er gänzlich in Ruhe. Auch nach fast 19000 Mal Knacken ging es seiner linken Hand so gut wie der rechten, und Unger bekam für diese Erkenntnis im Jahr 2009 sogar den Ig-Nobelpreis verliehen. Das ist eine Art Parodie der angesehenen Auszeichnung, die besonders skurrile Studien in der Wissenschaft prämiert. Solche, die einen zuerst zum Lachen bringen, dann aber zum Denken anregen.[8]

Tim N. hat keine wissenschaftlichen Studien zum Fingerknacken durchwühlt, dafür aber seinen Hausarzt beobachtet – und der knackt selbst mit den Fingern. Seitdem macht er sich keine Gedanken mehr um seine Gelenke, sondern höchstens um seinen vollen Terminkalender, der die kleine Marotte wohl noch weiter fördern wird.

4 Kühl konditioniert

Die klassische Konditionierung ist ein sehr einfacher Lernmechanismus, der ganz wunderbar abstruse Spleens hervorbringen kann. Jutta J., die in einer kleinen Stadt südöstlich von Berlin lebt, ist konditioniert – und weiß es nicht. Die 63-Jährige liest gerne und viel. Auf dem Weg von und zur Arbeit könnte sie deshalb eigentlich in den kleinen, sehr schönen Buchladen gehen, der im Stadtzentrum liegt. Aber das will sie nicht. Um genau zu sein: Sie kann es nicht. Sie macht einen großen Bogen um den Buchladen, seit Jahren schon. Früher hat sie es oft versucht. Sie ist hineingegangen, hat sich ein Buch genommen, das interessant klang, und ein bisschen darin geblättert. Aber spätestens nach fünf Minuten konnte sie nicht mehr. Sie musste eine Toilette finden, und zwar ganz schnell. Kaum aber war sie wieder raus aus dem Buchladen, war auch das Bedürfnis verschwunden, auf einen Schlag.

Eine komische Sache. Sie erzählte es natürlich niemandem. Die ersten Male fand sie es seltsam, versuchte es stetig weiter, doch immer wieder mit dem gleichen Ergebnis: Ob sie direkt davor noch mal auf die Toilette ging, sich vornahm, den Drang einfach zu ignorieren, oder eine andere Buchhandlung ausprobierte – es nützte alles nichts, nach spätestens fünf Minuten stand Jutta wieder auf der Straße. Juttas Körper lässt sich durch nichts austricksen. Die unselige Verbindung zwischen Buchladen und Toilettendrang geht manchmal sogar so weit, dass Jutta denkt, sie müsse schon zur Toilette, wenn sie den Buchladen nur sieht.

Juttas Spleen klingt nach einer ziemlich komplexen psychologischen Angelegenheit – das ist es aber nicht. Um ihn zu erklären, reicht der Hund, das Hundefutter und die Glocke, die schon bei der Einleitung dieses Kapitels aufgetaucht sind. Ein eigentlich neutraler Reiz, bei Pawlow die Glocke, bei Jutta der Buchladen, kann über einen Lernvorgang, die klassische Konditionierung, fest mit einer bestimmten körperlichen Reaktion verknüpft werden, dem Speichelfluss beim Hund und dem Toilettendrang bei Jutta. Genauso wie die Hunde nach ein paar Lerndurchgängen das Bimmeln der Glocke mit dem Futter verbanden, das ihm folgte, verbindet Juttas Körper den Buchladen fest mit einem Gang zur Toilette. Der Körper macht das in bester Absicht: Er versucht schließlich nur, sich auf das vorzubereiten, was ihn erwartet.

Aber woher kommt die Verknüpfung? Wie hat Juttas Körper gelernt, Buchläden mit dem Drang zur Toilette zu verbinden? Vermutlich musste sie als Kind einmal sehr nötig auf die Toilette, als ihre Eltern gerade genüsslich in einem Buchladen stöberten. So etwas merkt sich der Körper genau, denn in eine solch prekäre Lage möchte er kein zweites Mal geraten.

Die klassische Konditionierung funktioniert meistens, aber nicht immer über die Wiederholung der beiden Reize wie bei Pawlows Hunden. Manchmal reicht auch eine einzige Erfahrung, wenn diese emotional sehr stark aufgeladen ist. So schlägt Juttas Körper Alarm, sobald er einen Buchladen wittert, und jedes Mal, wenn Jutta diesem Drang nachgibt, verstärkt sie die Marotte noch. Das wird so lange so bleiben, bis Jutta ihren Körper eines Besseren belehrt. Sie muss ihm zeigen, dass er sehr wohl länger als fünf Minuten in einem Buchladen überstehen kann, ohne dass etwas Peinliches passiert. Ein paar Mal muss sie das aushalten, um ihren Körper wirklich zu überzeugen. Er muss umlernen, den Reiz gänzlich von der gelernten Reaktion entkoppeln.

Dann hätte sie Ruhe vor der fehlgeleiteten Toilettenwarnung – und könnte endlich wieder in Ruhe in ihrer Lieblingsbuchhandlung stöbern. Jutta ist aber natürlich nicht allein mit einer solchen Konditionierung, die das Leben eigentlich einfacher machen sollte, dann aber zu einer kleinen Macke wird. Oft haben diese Marotten mit physiologischen Phänomen zu tun: Der Körper reagiert in bestimmten Situationen unangemessen oder unpassend. So können einige Menschen nicht ohne bestimmte Gegenstände aus dem Haus gehen, Taschentücher zum Beispiel. Sobald sie die Wohnung ohne eine Packung verlassen, werden sie nicht nur nervös und haben das Gefühl, sich die Nase putzen zu müssen, ihre Nase beginnt sogar tatsächlich «zu laufen» – es gibt also eine direkte körperliche Reaktion.

Und Jutta ist nicht einmal mit ihrer speziellen «Toiletten-Macke» alleine: Eine Frau namens Matilda berichtet im Internet von einem Spleen, der dem von Jutta ähnelt. Sie kann nicht einschlafen, ohne vorher noch einmal im Bad zu verschwinden – ganz egal, ob sie muss oder nicht. Wenn sie nicht unmittelbar vor dem Zubettgehen auf Toilette gehe, könne sie nicht einschlafen.[9]

5 Ausgemacht und abgeschlossen?

Marcus G. ist Informatiker. Aber nicht einer von der Sorte, die tagelang im Keller hockt und über Codes und Kürzeln sich selbst vergisst. Marcus sind seine Gesundheit und sein Wohlbefinden wichtig, er kocht gern, isst gesund und macht viel Fitness. Das sieht man auch, denn Marcus legt großen Wert auf gut sitzende Kleidung. Vor allem liebt er Hemden, sein Schrank ist voll davon. Jeden Morgen holt er ein frisches heraus und bügelt es vor dem Anziehen. Ob er das Bügeleisen ausgeschaltet hat, kontrolliert er jedes Mal, bevor er sich auf den Weg zur Arbeit macht.

Einmal hat er nämlich vergessen, es auszustellen – und als er abends nach Hause kam, war es komplett schwarz geschmort. Sonst war zwar nichts passiert, aber seitdem hat Marcus schlimme Fantasien davon, wie seine Wohnung und sein Schrank mit all den geliebten Hemden eines Tages in Flammen stehen könnten, weil er vergessen hat, das Bügeleisen auszuschalten. Also achtet er nicht nur unmittelbar nach dem Bügeln sorgfältig darauf, den Stecker zu ziehen, sondern schaut zur Sicherheit noch einmal nach, bevor er die Wohnung verlässt. Zum Glück ist bei ihm nach dem einmaligen Sicherheitscheck – manchmal auch zweimaligen, wenn er Check eins schon wieder vergessen hat – aber Schluss.

Marcus ist nicht der Einzige, der kontrollieren muss, ob auch wirklich alles aus ist, wenn er das Haus verlässt. Tatsächlich ist das eine der häufigsten Marotten überhaupt. Und ein oder zwei Kontrollgänge erscheinen noch verhältnismäßig harmlos. Andere überprüfen wesentlich häufiger, ob der Herd und das Bügeleisen ausgeschaltet und die Heizungen zugedreht sind, obwohl sie eigentlich wissen, dass ihrer Routine nach das Bügeleisen ausgesteckt sein müsste. «Aber egal, es könnte ja auf magische Weise plötzlich in der Steckdose stecken»,[10] schreibt jemand mit einer solchen Marotte im Netz.

Manche Menschen lässt die Sorge um die elektrischen Geräte auch nach dem Verlassen der Wohnung nicht in Ruhe und sie führen sich im Geiste immer und immer wieder ihren Gang durch die Wohnung und das Ausschalten der Geräte vor Augen.[11] Einige Clevere haben sich sogar, um mit ihrer Marotte besser umgehen zu können, gleich noch eine weitere zugelegt: Sie überprüfen nicht nur mehrfach, ob der Herd und die Kaffeemaschine ausgestellt sind, um auch von unterwegs noch einmal ihr Gewissen beruhigen zu können, machen sie jeden Morgen nach dem Ausschalten Fotos von den Reglern der Geräte.

Dabei ist allen, die «lieber noch mal nachgucken», im Geiste immer wieder ihre Wohnung abgehen oder ausgeschaltete Elektrogeräte fotografieren, vollkommen klar, dass ihr Verhalten wahrscheinlich unsinnig ist, weil sie alles wie an jedem anderen Tag auch ausgeschaltet haben. Da mag man sich als Außenstehender fragen, ob das noch normal ist. Sollte man nicht eigentlich genau wissen, ob man den Herd, das Bügeleisen oder die Kaffeemaschine ausgeschaltet hat? Entweder man hat den Knopf gedrückt oder eben nicht.

Aber ganz so einfach ist es nicht. Der menschliche Kopf funktioniert nämlich nach der Maxime: Alles, was sich automatisch erledigen lässt, wird auch automatisch erledigt. Das bedeutet: unbewusst. Dass die Tasche richtig gepackt, der Schlüssel eingesteckt und die Haustür abgeschlossen ist, hält das Gehirn für selbstverständlich, schließlich hat es dafür Automatismen eingerichtet, die zuverlässig funktionieren sollten. Das spart ihm eine Menge Zeit und Ressourcen. Die verwendet es lieber auf komplexere und unvorhersehbare Dinge, die wirklich Überlegung brauchen – wie zum Beispiel die weitere Planung des Tages. Es gibt einfach Wichtigeres als Herd, Bügeleisen und Kaffeemaschine. Also kümmert es sich darum nicht weiter.

Aber warum vergewissern sich dann erstaunlich viele Menschen beim Verlassen der Wohnung mehrfach, ob die Tür auch wirklich zu ist, oder laufen sogar noch einmal zurück und drücken an der Türklinke herum? Der Grund ist, dass das Bewusstsein sich manchmal doch einschaltet, um zu sehen, ob alles so klappt, wie es klappen soll. Oft passiert das, wenn der routinierte Ablauf aus irgendeinem Grund gestört wird: Das Telefon hat zum Beispiel geklingelt oder der Postbote stand vor der Tür. Das bringt den gewohnten Ablauf und damit die Automatismen durcheinander.

Das Bewusstsein versucht dann zu kontrollieren, ob alles so gemacht wurde wie immer, und stößt dabei auf ein Problem. Es fragt den Hippocampus, die Gedächtniszentrale, ob die Tür heute schon abgeschlossen wurde, und der ist sich nicht sicher. Klar wurde die Tür schon ganz oft abgeschlossen, aber heute? Das Erinnerungsvermögen hat es nämlich immer dann besonders schwer, Handlungen oder Ereignisse abzuspeichern, wenn sie so gemacht wurden wie immer, wenn es kein Merkmal gibt, das sich die Handlung des heutigen Tages von der des gestrigen unterscheidet. In der Erinnerung verschwimmt alles zu einem einzigen großen Türen-Abgeschließe.

Man kann dem Hippocampus aber ziemlich gut dabei helfen, sich zu erinnern. Wer etwa Sorge hat, ob Telefon, Portemonnaie und Schlüssel auch wirklich in der Handtasche gelandet sind, der kann sich beim nächsten Mal bemühen, die Tasche mit vollster Konzentration zu packen oder während des Einpackens laut auszusprechen, was er gerade in der Tasche verstaut. Auch das Handy-Foto vom ausgeschalteten Herd oder der mentale Gang durch die Wohnung sind eine gute Idee und erleichtern die Erinnerung.

Sollte sich jemand über diese Hilfskonstruktionen lustig machen, dann kann man dem getrost entgegensetzen, dass dies ein kleiner, aber feiner Trick ist, um das Gehirn dazu zu bewegen, sich auch mal um so nichtige Dinge wie das Bügeleisen, den Herd und den Schlüssel zu kümmern. Und wer hat nicht lieber einen kleinen Tick als eine ausgeraubte oder abgebrannte Wohnung?

Grenzwertiges

Erinnern Sie sich noch an den Anfang dieses Buches? Daran, wie der Psychologe Borwin Bandelow sagte, dass die Menschen es nicht so weit in der Evolution geschafft hätten, wenn sie nicht schon immer solch furchtbare Angsthasen gewesen wären?

Die Spleens, um die es ging, waren allesamt ein Versuch, auf die Ungewissheiten und Unwägbarkeiten des Lebens zu reagieren, die Welt berechenbarer und kontrollierbarer erscheinen zu lassen, als sie eigentlich ist. Die kleinen Marotten und Ticks sind Naturheilmittel gegen die Angst. Mit ihnen schwinden Nervosität und Unruhe und das Gefühl von Hilflosigkeit angesichts einer Welt, die unüberschaubar, komplex und undurchsichtig für den Einzelnen ist, wird aufgefangen und abgemildert. Kontrolle und Berechenbarkeit herzustellen und für Stressabbau zu sorgen, das sind die Hauptfunktionen sämtlicher Spleens.

Marotten entwickeln sich und werden beibehalten, weil sie eine dieser Funktionen erfüllen. Lieb gewonnene Abläufe und Rituale helfen den Menschen dabei, eine verlässliche Struktur für den Alltag zu schaffen, die ihnen Sicherheit gibt. Automatismen entlasten das Gehirn und sorgen für größtmögliche Effizienz im Handeln. Beruhigungsgesten fahren den Stresspegel herunter, und Ordnungsmarotten bringen Berechenbarkeit in das Chaos und lassen die Welt ein bisschen überschaubarer erscheinen.

In diesem letzten Kapitel geht es nun um die Frage, wann ein

Spleen noch normal, und wann er es nicht mehr ist. Denn manchmal machen sich Marotten selbstständig. Sie entgleiten demjenigen, der sie sich zugelegt hat. Und da Marotten Gewohnheiten sind, die, haben sie sich einmal eingeschlichen, automatisiert ablaufen, stellt man sie nur selten infrage. Das sollte man aber ab und zu.

Gelegentlich ufern die Spleens plötzlich aus, wenn die dahinterstehenden Unsicherheiten, Sorgen und Ängste aufgrund vielfältiger Belastungen im Alltag zu groß werden und der damit verbundene Stress nicht mehr bewältigbar erscheint. Dann können amüsante Rituale bei der Hygiene zu einer Zwangsstörung mutieren, aus einem Hang zur Perfektion wird ein Messie-Syndrom, das ebenfalls Züge einer Zwangsstörung hat, und aus einem leicht skurrilen Ekel vor Insekten entsteht eine ausgeprägte Phobie.

Menschen sind Angsthasen. Und deshalb fallen ausufernde Macken in den Diagnostik-Systemen der Psychiatrie auch fast ausschließlich in den Bereich der Angststörungen: Zwangsstörungen und Phobien gehören zum Beispiel dazu. Wer eine Zwangsstörung entwickelt, der muss immer und immer wieder eine bestimmte Handlung, ein bestimmtes Ritual oder auch bestimmte Gedanken wiederholen, ohne dies selbst steuern zu können – manchmal bis zur Erschöpfung. Der Drang danach, sich etwa ständig die Hände zu waschen, zu zählen oder aufzuräumen, ist so stark, dass die Betroffenen nicht damit aufhören können, auch wenn sie selbst finden, dass diese Gedanken oder Handlungen übertrieben, manchmal sogar völlig sinnlos sind. Versuchen sie jedoch, die Gedanken oder Handlungen zu unterdrücken, dann baut sich in ihnen eine unerträgliche Spannung auf.

Phobien sind Ängste, die sich auf etwas sehr Spezifisches beziehen, zum Beispiel auf Spinnen oder darauf, mit einem Flugzeug zu fliegen. Eine Phobie führt zu einem sehr starken Vermeidungsverhalten und großer Panik, wenn sich der Angstauslöser nicht vermeiden lässt. Angststörungen sind unter allen psychischen Erkrankungen diejenigen, die am häufigsten diagnostiziert werden, und fast ein Drittel aller Menschen entwickelt wenigstens einmal im Leben eine Form dieser Störung.

Wann immer nicht der Mensch sein Verhalten, sondern das Verhalten den Menschen kontrolliert, hört eine Marotte auf, nur eine Marotte zu sein. Wenn sich ein Tick komplett verselbständigt, dann wird aus dem sympathischen kleinen Spleen plötzlich ein ernsthaftes psychisches Problem. Das gilt für alle Marotten, egal aus welchem Bereich sie kommen: Sobald der Tick die Kontrolle übernimmt, ist er mehr als nur ein Tick.

Wem also auffällt, dass die Marotte sich immer häufiger und weitreichender einen Weg in den Alltag bahnt, einen gar daran hindert, seinen Alltag so zu leben wie bisher, der sollte sich damit beschäftigen, warum genau er tut, was er tut. Er sollte unbedingt probieren, ob er das Verhalten oder die Gedanken noch abstellen kann. Zwänge oder Phobien treten nicht einfach plötzlich auf, sondern nehmen nach und nach mehr Raum und Macht im Leben des Betroffenen ein. Dauer, Ausmaß und Kontrollierbarkeit der Marotte sind deshalb wichtige Anhaltspunkte, an denen man sehen kann, ob ein Spleen noch ein Spleen ist oder schon mehr als das. Wer sich ab und zu ein bisschen beobachtet, hat eine gute Chance zu erkennen, ob eine Marotte grenzwertig wird.

Und spätestens wenn ein Gedanke oder Verhalten sich nicht mehr einfach abstellen lässt, obwohl man es versucht, wenn man eine Situation überhaupt nicht mehr erträgt, weil sie einem solche Angst macht, wenn man sich elend dabei fühlt, das alltägliche Leben nur noch eingeschränkt funktioniert oder der Spleen zu einer Gefahr für einen selbst oder andere wird – dann ist es höchste Zeit, sich professionelle Hilfe zu holen.

1 Abergläubischer Zwang

60 Kaffeebohnen mussten es sein, nicht mehr und nicht weniger. Ludwig van Beethoven zählte sie jeden Morgen exakt ab, um daraus einen schönen, starken Kaffee zu machen, bevor er sich an seine Kompositionen setzte. Der Schriftsteller Ephraim Kishon, bekannt für seine Satiren, konnte nackte Wände, Lärm und Dunkelheit nicht ertragen. In sämtlichen Zimmern seines Hauses in Tel Aviv musste Licht brennen, die Türen zu seinem Arbeitszimmer dichtete er ab, leere Wände beklebte er mit Collagen aus Fotos, Notizen und Zeitungsartikeln. Glenn Gould, der brillante Pianist, summte und brummte wie schon seine Mutter beim Klavierspielen immer mit, auch bei Studioaufnahmen – aus Angst, sein Spiel könnte darunter leiden, wenn er es sein ließe. Außerdem schleppte er zeitlebens seinen alten, speziell angefertigten und viel zu niedrigen Klavierhocker mit sich herum, auf dem er in gebückter Haltung vor dem Instrument hing.

Künstler scheinen oft besonders exzentrische Spleens zu haben, auffällige Rituale, die einige von ihnen durchaus pflegen und regelrecht zur Schau stellen – aber bei Weitem nicht alle. Gould etwa war so menschenscheu und unprätentiös, dass es ihm nicht in den Sinn gekommen wäre, mit seinen Marotten hausieren zu gehen. Er brauchte sie aber dennoch. Der Glaube und die Angst, nicht ohne die gewohnte Umgebung die gewünschte Leistung erbringen zu können, sitzt bei vielen Künstlern tief. Abergläubisches Verhalten ist daher bei ihnen besonders verbreitet – wie auch bei Sportlern. Und ein persönlicher Aberglaube ist, wenn er sich verfestigt hat, nichts anderes als eine ganz leichte Version einer Zwangshandlung.

Der Fußballprofi Miroslav Klose zum Beispiel soll immer zuerst mit dem rechten Fuß das Spielfeld betreten. Golfprofi Tiger Woods ist ebenfalls abergläubisch: Er trägt am letzten Turniertag immer ein rotes Hemd, weil er glaubt, dass es ihm Glück bringt. Goran Ivanišević sah sich vor den Wimbledon-Turnieren zur Beruhigung die Teletubbies an, und Serena Williams bringt immer ihre Duschsandalen mit auf den Platz.

Der König des Aberglaubens ist jedoch Rafael Nadal, das spanische Tennis-Ass, denn er hat nicht nur ein festes Ritual. Jedes Turnier, das er spielt, ist umwoben von einem ganzen Netz aus Ritualen. Zunächst ist immer eine eiskalte Dusche fällig, bevor es auf den Platz geht. Dort angekommen, sucht er als Erstes auf der Tribüne nach seiner Familie. Vorher kann er nicht anfangen zu spielen, sagt er. Vor jedem Aufschlag berührt er in fester Reihenfolge seine Ohren, seine Nase, seine Schultern und seine Hose, und nach jedem Punkt lässt er sich ein Handtuch geben.

Auch die Pausen sind genau durchstrukturiert: Er trinkt abwechselnd aus zwei Flaschen, einer gut gekühlten, einer auf Raumtemperatur. Aus jeder nimmt er nur einen Schluck, bevor er wieder zur anderen wechselt. Die Flaschen stellt Nadal anschließend zwischen seine Beine hintereinander auf den Boden. Dabei zeigt das Etikett beider Flaschen in die gleiche Richtung. In seiner Biografie *Rafa*, die 2011 erschien, schreibt er, dass diese ritualisierten Abläufe wichtige Hilfen seien, um seine Konzentration auf ein Maximum zu steigern und sich mental auf die extreme Anspannung vorzubereiten. Er fühle sich in der Zeit vor dem Match sehr fragil und brauche etwas, das ihm zu Kraft und Selbstsicherheit verhelfe.

Genau dieses Bedürfnis wird von abergläubischen Ritualen befriedigt. Die Folgen unseres Handelns mögen erfreulich sein, traurig oder keines von beidem – vorhersehbar seien sie aber nur selten, schreibt der amerikanische Psychologe Stuart Vyse in seinem Buch *Die Psychologie des Aberglaubens*. «Die Unberechenbarkeit ist ein unausweichlicher Bestandteil jeder menschlichen Erfahrung, und jeder löst das Problem auf seine Weise.»[1] Ein Lösungsweg besteht darin, die fehlende Kontrolle und die sich daraus ergebende Unsicherheit mit der Illusion zu bekämpfen, es gebe doch einen Weg, die Zukunft so zu wenden, wie man sie gern haben möchte, oder den Gang der Dinge zumindest zu erahnen, bevor sie eintreten.

Und für eine solche Kontrollillusion ist der Mensch bestens ausgestattet. Weil es sich in der Evolution bewährt hat, die Welt so verständlich und vorhersehbar wie nur möglich erscheinen zu lassen, sucht das Gehirn die Welt pausenlos nach Zusammenhängen, Strukturen und Mustern ab. Je unsicherer die Situation, desto stärker ist das Bedürfnis nach Kontrolle. Eigentlich ganz sinnvoll – nur übertreibt es das Gehirn von Zeit zu Zeit ein bisschen und zieht manchmal Fehlschlüsse bei dem Bemühen, die Welt berechenbarer zu machen. Der Aberglaube ist einer dieser Fehlschlüsse. Zufällig gleichzeitig auftretende Ereignisse werden dabei als kausal zusammenhängend gespeichert. Das Gehirn kann einfach nicht anders, als darin Ursache und Wirkung zu sehen. Im Grunde entsteht der Aberglaube also durch eine Wahrnehmungstäuschung und durch eine falsche Verknüpfung zweier Reize, die eigentlich nichts miteinander zu tun haben – ähnlich wie bei der Konditionierung, nur dass beim Aberglauben der Verbindung von zwei Reizen eine übernatürliche Bedeutung zugesprochen wird. Wie gut das funktioniert, konnten in den 1980er Jahren Forscher der University of Kansas anhand von Vorschulkindern zeigen.[2]

Die Kinder sollten einen Spielzeugclown namens Bobo dazu bringen, Murmeln auszuspucken, die er in seinem Bauch hatte. Ohne dass die Kinder dies ahnten, tat er das aber ohnehin automatisch alle 30 Sekunden. Nichtsdestotrotz gaben sich die Kinder sechs Tage in Folge jeweils acht Minuten lang alle Mühe, Bobo seine Murmeln zu entlocken. Schließlich hatten die Wissenschaftler ihnen für eine bestimmte Anzahl von Murmeln ein Spielzeug versprochen. Am Ende der Woche glaubten einige Kinder, es würde helfen, Bobo auf die Nase zu küssen, sich in den Hüften zu wiegen oder eine Grimasse zu ziehen. Zwei Drittel der Kinder hatten ein solches Ritual entwickelt, um den Clown zu beeinflussen.

Aber auch wenn Aberglaube rational gesehen Unfug ist, kann er trotzdem helfen: Wer fest daran glaubt, der fühlt sich aufgrund seines abergläubischen Rituals nicht nur sicherer, sondern ist in seinen Handlungen auch besser. Das konnten Kölner Psychologen um Lysann Damisch zeigen.[3] Sie ließen Probanden im Rahmen eines Experimentes Golf spielen, einmal mit einem vermeintlichen Glücksball, einmal mit einem ganz normalen. Die Spieler mit dem angeblichen Glücksball waren zum einen konzentrierter und optimistischer, zum anderen trafen sie aber auch tatsächlich häufiger. Vermutlich, so die Wissenschaftler, weil sie nicht so schnell aufgaben wie die anderen. Auch wenn die Überzeugung, etwas kontrollieren zu können, eine Illusion ist, kann sie manchmal durchaus zum Erfolg beitragen.

Manchmal aber wird der Aberglaube, also das Gefühl, dass ohne eine bestimmte Abfolge von Handlungen irgendetwas nicht stimmt, grenzwertig. Das zu erkennen, ist nicht ganz einfach. Alle Spleens, um die es im Kapitel «Ausgemacht und abgeschlossen?» ging, waren im Grunde leichte Kontrollzwänge. Aber nicht jeder, der täglich zweimal guckt, ob das Licht ausgeschaltet und der Schlüssel eingesteckt ist, hat eine Zwangsstörung. Die Grenze zum Krankhaften ist fließend und daher schwer auszumachen.

Deshalb hilft vielleicht ein Beispiel. Neulich sah ich zufällig, wie ein Mann aus seinem Auto stieg. Er stellte seine große Tasche mit Handwerkszeug auf den Bürgersteig, schloss das Auto ab, nahm die Tasche, um loszugehen, und hielt plötzlich inne. Er stellte die Tasche noch mal ab, drehte sich zu seinem Auto um und prüfte, ob es wirklich abgeschlossen war. Ich witterte schon ein schönes Beispiel für eine weitere Marotte, da sah ich, dass der Mann, die Tasche schon in der Hand, wieder innehielt und das Ritual von vorn begann. Wieder und wieder stellte er seine Tasche ab, prüfte die Tür, setzte an, um loszugehen – und konnte nicht. Ich hörte bei sechs Mal auf zu zählen, und begann, mir Sorgen um den Mann zu machen.

Wer einmal, vielleicht zweimal überprüft, ob die Tür wirklich zu ist, der wirkt vielleicht etwas zerstreut und spleenig. Aber wer es so oft tut wie der Handwerker, der hat ein Problem. Hätte ich den Mann gefragt, warum er immer und immer wieder die Tür überprüft, hätte er vermutlich gesagt: «Weil ich muss – obwohl ich selber weiß, dass es unsinnig ist.» Wenn das mehrfache Kontrollieren nicht mehr aus eigener Kraft unterbrochen werden kann, dann wird es brenzlig. Versuchen die Betroffenen es dennoch, reagiert ihr Körper heftig: mit Zittern, Schweißausbruch, Hitzewallungen, Herzrasen. Kurzum: mit Angst. Das ist auch der Grund, warum die Zwangsstörungen bislang von Experten zu den Angststörungen gezählt werden. Viele dieser Zwangshandlungen oder auch Zwangsgedanken, die die Betroffenen haben, rühren von recht konkreten Ängsten: So kann die Angst, dass dem Handwerker sein wichtigstes Arbeitsmittel, das Auto, gestohlen wird, zu dem Kontrollzwang geführt haben. Aus dem kleinen Tick, zweimal zu schauen, ob die Tür wirklich zu ist, wurde mit der Zeit mehr und immer mehr. Irgendwann dann hat der Mann die Kontrolle verloren.

Der «Hab ich wirklich abgeschlossen?»-Tick ist also ein harmloser Vorläufer einer solchen Zwangsstörung. Doch er hört auf, harmlos zu sein, wenn das alltägliche Leben nur noch eingeschränkt funktioniert oder es sogar gefährdet. Der Handwerker wird inzwischen Probleme damit haben, seine Kundentermine einzuhalten, wenn nicht er entscheidet, wann er von seinem Auto weggeht, sondern die Zwangsstörung. Tut er nicht bald etwas, dann könnte die Zwangsstörung seine Existenz gefährden – und das, obwohl er sie gerade aus Angst um seine Existenz entwickelt hat.

2 Gruselige Clowns

Klinikclowns nehmen kranken Kindern die Angst vor einer Operation, verkündete Winfried Barthlen, Direktor der Kinderchirurgie am Uni-Klinikum Greifswald, nach einer Pilotstudie mit 31 kleinen Patienten. 17 von ihnen wurden einmal täglich von Klinikclowns besucht, 14 nicht. Die Kinder, die Clown-Besuch bekommen hatten, hatten vor dem Eingriff nicht nur weniger Angst, sondern auch einen erhöhten Spiegel des Hormons Oxytocin, das Untersuchungen zufolge Stress abbaut und das Vertrauen zu anderen Menschen stärkt. Die Clowns hatten also sowohl körperlich als auch psychisch für Beruhigung gesorgt, so das Ergebnis der Studie. Zwar müsse man die Ergebnisse mit einer größeren Gruppe von Kindern noch einmal bestätigen, so die Forscher, Clowns auf Kinderstationen seien aber eine gute Idee und in anderen europäischen Ländern längst fest etabliert.

Das sieht nicht jeder so. Auf der Webseite des Magazins *Stern* kann man an einer Umfrage teilnehmen und angeben, wie man selbst die Spaßmacher als Kind empfunden hat.[4] «Ich fand Clowns meistens total lustig» haben dort allerdings nur 10 Prozent aller Teilnehmer angeklickt. Und 39 Prozent fanden Clowns weder komisch noch hatten sie Angst vor ihnen, sie waren ihnen also ziemlich egal. Der Aussage «Ich habe Clowns gehasst» stimmten hingegen ganze 38 Prozent zu. Und 12 Prozent gaben an, dass Clowns ihnen früher eine Heidenangst gemacht hätten. Erschreckend, wenn man bedenkt, dass die Aufgabe von Clowns ja darin besteht, Leute zum Lachen zu bringen.

Wie die Umfrage zeigt, sind Clowns bei vielen also nicht sonderlich beliebt, ja offenbar sogar oft verhasst. Die diesem Thema gewidmete Facebook-Seite «I hate clowns» hat fast 416 000 Likes. Dass auch Kinder Clowns nicht immer gern um sich haben, die Ergebnisse von Winfried Barthlen also auch skeptisch zu beurteilen sind, hat eine Studie der University of Sheffield gezeigt. Dort waren 250 Kinder im Alter zwischen vier und 16 Jahren dazu befragt worden, ob sie im Krankenhaus gemalte Clownsbilder an den Wänden haben wollten. Dagegen stimmten nicht nur die jüngeren Vorschulkinder, sondern auch die älteren Kinder. Entweder mochten sie Clowns nicht oder sie gruselten sich sogar vor ihnen.

Der Gruppe «I hate clowns» könnte auch Karina J. beitreten – sie findet, dass Clowns einfach nur gruselig sind. Seit ihrem achten Lebensjahr ist das so. Damals haben ein paar Clowns auf dem Dorfplatz in ihrem Heimatstädtchen eine Show veranstaltet. Einer von ihnen band die zuschauenden Kinder mit in seine Klamaukereien ein, und so kam er mit seinem grell bemalten Gesicht auf Karina zu, wollte ihre Hand nehmen und sie mit auf die Bühne ziehen. «Dieser Moment, als er mir so nahe kam, da wusste ich, dass ich nie wieder etwas mit Clowns zu tun haben will», sagt sie. Sie hatte das Gefühl, dass sich etwas Dunkles, Makaberes hinter dem Make-up verbirgt.

Bis heute jagen ihr Clowns einen Schauer über den Rücken. Es muss noch nicht einmal ein echter Clown sein, auch Bilder oder allein die Vorstellung eines Clowns reichen, um ihr Angst einzujagen, sogar bis in ihre Träume hinein. Den ersten Schreck in der Kindheit verfestigte ein Clown, den sie viele Jahre später sehr unvermittelt erblickte. Sie fuhr mit dem Auto von der Arbeit nach Hause, blickte beim Halten an einer roten Ampel in den Rückspiegel und erschrak fürchterlich: Direkt hinter ihr saß ein Clown in einem gelben VW Käfer, mit grünen, wirren Haaren und dem typischen Clowns-Make-up. Karina wurde flau im Magen und sie musste kurz rechts ranfahren, um sich wieder zu fangen. «Ich weiß nicht, ob ich dieses Bild jemals wieder loswerde», sagt sie.

Für eine Phobie charakteristisch ist die große Angst vor einer bestimmten Sache, Situation oder Person, was dazu führt, dass die

Betroffenen alles versuchen, um den angstauslösenden Reiz möglichst zu vermeiden. Um die Gefahr schnell zu erkennen, entwickeln sie aus ihrer Furcht heraus eine «Überaufmerksamkeit». Das bedeutet, sie suchen in einem ständigen Alarmzustand die Gegend nach dem angstauslösenden Objekt ab – ihr Körper steht dabei unter großer Anspannung. Zwar erkennen die Betroffenen, dass ihre Angst übertrieben ist oder sogar völlig unbegründet, doch dieses Wissen beruhigt sie nicht. Denn Angst ist irrational und lässt sich nur wenig von rationalen Gedanken beeinflussen.

Auch Karina weiß, wie unsinnig ihre Panik vor Clowns ist. Sie hat das Gefühl, dass ihre Furcht, die anfangs noch irgendwie zu ertragen war, mit der Zeit immer größer geworden und außer Kontrolle geraten ist. Ist das nun noch ein Spleen oder schon ein echtes Problem?

Zu den klassischen Phobien, die Psychologen und Psychiatern oft begegnen, zählt die Angst vor Clowns nicht. Typischer sind etwa die Furcht vor der Dunkelheit, vor großen Höhen und engen geschlossenen Räumen, vor bestimmten Tieren wie Spinnen, Insekten, Pferden oder Hunden, vor Schmutz, Blut oder Spritzen. Karinas Grusel vor Clowns ist ein wirklicher Grenzfall, und es ist nicht eindeutig zu sagen, ob es bei ihr noch Spleen oder schon eine echte Phobie ist. Weil Karina im normalen Alltag ihre Furcht vor Clowns nicht beeinträchtigt, da sie ihnen nicht regelmäßig begegnet, ist es schwer zu ermitteln, was sie auf sich nehmen würde, um Clowns aus dem Weg zu gehen. Ihre Angst vor den Spaßmachern ist groß, überwältigt sie aber nicht derart, dass sie vor einem wegrennen würde. Andererseits hat sie das Gefühl, dass ihre Angst wächst und schwerer zu kontrollieren ist als früher. Hier heißt es also gut beobachten.

Es gibt aber einen Grund, warum Clowns von vielen zumindest als ambivalent wahrgenommen werden. Der japanische Robotikforscher Masahiro Mori erklärt dies mit dem sogenannten

«Uncanny-Valley-Effekt». Dieser Effekt besagt, dass Figuren, die menschlich aussehen und sich auch so bewegen, aber sich durch eine Kleinigkeit doch von typisch menschlichem Verhalten unterscheiden, beim Beobachter Irritation, Abscheu oder Angst hervorrufen. Dieses Prinzip greift zum Beispiel bei Robotern oder bei Zombies in Horrorfilmen.

Beide wirken auf den ersten Blick wie Menschen, doch ihre ruckartigen stereotypen Bewegungen lassen einen schnell realisieren, dass irgendetwas mit ihnen nicht stimmt. Menschen reagieren selbst auf kleine Abweichungen im Ausdrucksverhalten sehr empfindlich. Denn solche Abweichungen treten oft bei Menschen auf, die tatsächlich sozial auffällig oder psychisch krank sind. Es ist also eine Art Schutzfunktion, Veränderungen oder Auffälligkeiten in den Bewegungen, in Mimik und Gestik schnell zu erkennen und sich von ihnen vorsichtshalber fernhalten zu wollen. Auch Clowns provozieren den «Uncanny-Valley-Effekt» mit ihrer auffälligen, das wahre Gesicht und den wahren Gesichtsausdruck überdeckenden Maskerade.

Auch wenn Karinas Angst vor Clowns an der Schwelle zur Phobie steht, kann es gut sein, dass sie deswegen nie eine Therapie machen wird. Je nachdem, worauf sich die Phobie richtet, entscheiden sich die Betroffenen dazu, sie einfach in Kauf zu nehmen oder aber etwas zu tun, um sie loszuwerden. Je belastender die Phobie im Alltag ist, je mehr Kraft sie kostet, desto wahrscheinlicher ist es, dass die Betroffenen einer Therapie zustimmen. Karina ist auf jeden Fall noch nicht an diesem Punkt angelangt. Weil Clowns nicht täglich auf der Straße herumlaufen, versucht sie bislang zu lernen, mit ihrem kleinen Problem so gut wie möglich umzugehen – ganz alleine.

Dank

Die Idee zu diesem Buch entstand, als meine Lektorin Daniela Riepe meine Kolumne «Bin ich noch normal, wenn …?» entdeckte, die ein Jahr lang jede Woche im Wissenschaftsteil der *Welt am Sonntag* erschien. Ich danke ihr für das Vertrauen und die Möglichkeit, ein ganzes Buch mit meinen gesammelten Spleens zu füllen, ebenso wie für ihre klugen und sensiblen Hinweise zum Manuskript. Ich möchte Beat Balzli danken, der als Stellvertretender Chefredakteur für die *Welt am Sonntag* verantwortlich ist und nicht nur den Titel der Kolumne beigesteuert hat, sondern mit mir zusammen eine Vorstellung davon entwickelte, worum es in einer solchen Kolumne gehen könnte. Anlass für «Bin ich noch normal, wenn …?» war die verschärfte internationale Debatte zur Definition und inflationären Ausweitung der Diagnosen für psychische Erkrankungen. Wir fanden es wichtig zu zeigen, dass nicht alles, was am Menschen auf den ersten Blick irrational scheint, ein Problem mit Krankheitswert darstellen muss.

Ich danke natürlich auch allen, die mir ihre Marotten offenbart und dabei gelassen meine Deutungen ertragen haben. Ich danke meinen Kollegen in der Redaktion, die mit mir viele Spleens diskutiert, ja geradezu durchlebt haben. Und ich danke all jenen, die mir nahestehen und mich in meinem Vorhaben unterstützt haben, indem sie Ideen beigesteuert, Kaffee geholt, mich kritisiert oder auch einfach nur neugierig zugehört haben. Danke!

Anmerkungen

Schlafengehen und Aufstehen

1 American Psychiatric Association: Diagnostic and Statistical Manual of Mental Disorders (5. Edition). Washington, DC, 2013.
2 Arnold Lohaus, Marc Vierhaus u. Asja Maass: Entwicklungspsychologie des Kindes- und Jugendalters. Berlin, 2010.
3 David Joseph Weeks: Eccentrics: A Study of Sanity and Strangeness. New York, 1995.
4 http://meineticks.de/2015/06/19/saeure-im-wasser/
5 Kathleen Vohs u. andere: Rituals Enhance Consumption, in *Psychological Science* (24), S. 1714–1721, 2013.
6 http://blog.neon.de/2015/07/neon-singles-082015/
7 Stiftung für Zukunftsfragen: Was die Deutschen im Urlaub wirklich vermissen, in *Forschung aktuell* (261), 2015.
8 http://www.myspleen.de/spleens/1767
9 Matthias Spörrle u. Jennifer Stich: Sleeping in Safe Places: An Experimental Investigation of Human Sleeping Place Preferences from an Evolutionary Perspective, in *Evolutionary Psychology* (8/3), S. 405–419, 2010.
10 B. M. Foss (Editor): The Development of Affectional Patterns in Infant Monkeys. Determinants of Infant Behaviour. London, 1961.
11 http://www.beichthaus.com/?c=00011055
12 http://www.welt.de/gesundheit/psychologie/article136284850/Bin-ich-normal-wenn-ich-mit-29-mit-Teddy-schlafe.html
13 John Bargh u. Idit Shalev: The Substitutability of Physical and Social Warmth in Daily Life, in *Emotion* (1/21), S. 154–162, 2012.
14 John Bargh u. Lawrence Williams: Experiencing Physical Warmth Promotes Interpersonal Warmth, in *Science* (322/5901), S. 606–607, 2008.
15 http://meineticks.de/tag/wecker/

Ordnung und Sauberkeit

1 Gilberto Flores u. andere: Microbial Biogeography of Public Restroom Surfaces, in *PloS One* (6), 2011.
2 Valerie Curtis: Don't Look, Don't Touch, Don't Eat: The Science behind Revulsion. Chicago, 2013.
3 http://www.ndr.de/ratgeber/verbraucher/restmengen103.html
4 http://meineticks.de/tag/toilette/page/4/
5 Mark Hamer u. andere: Dose-Response Relationship between Physical Activity and Mental Health: the Scottish Health Survey, in *British Journal of Sports Medicine* (43), S. 1111–1114, 2009.
6 Petra Lahmann u. andere: Physical Activity and Breast Cancer Risk: the European Prospective Investigation into Cancer and Nutrition, in *Cancer Epidemiology, Biomarkers & Prevention* (16/1), S. 36–42, 2007.
7 Christine Friedenreich u. andere: Physical Activity and Risk of Colon and Rectal Cancers: the European Prospective Investigation into Cancer and Nutrition, in *Cancer Epidemiology, Biomarkers & Prevention* (15/12), S. 2398–2407, 2006.
8 Deutsche Rentenversicherung Knappschaft-Bahn-See Referat Presse- und Öffentlichkeitsarbeit, Marketing in Zusammenarbeit mit der Minijob-Zentrale: Von Putzfimmeln und Putzmuffeln. Bochum, 2015.
9 Reinhold Bergler: Psychologie der Hygiene. New York, 2009.
10 http://myspleen.de/spleens/192
11 Raul Pérez-Mohedano u. andere: The Physics of Dishwashers: First Steps for Developing a Model to Analyse Automatic Dishwashers (ADW) Behaviour. Unveröffentlichtes Manuskript

Freizeit- und Sozialverhalten

1 http://blog.neon.de/2013/11/singlemacken
2 http://spleen24.tumblr.com/post/130 517 512 850/ich-kann-nicht-anfangen-zu-essen-bevor-nicht-ein
3 Adam Winsler u. andere: Should I Let Them Talk? Private Speech and Task Performance among Preschool Children with and without Behavior Problems, in *Early Childhood Research Quarterly* (22), S. 215–231, 2007.
4 Thomas Brinthaupt u. andere: The Self-Talk Scale: Development, Factor Analysis, and Validation, in *Journal of Personality Assessment* (91/1), S. 82–92, 2009.
5 Corinna Reichl u. andere: Relation of Self-Talk Frequency to Loneliness, Need to Belong, and Health in German Adults, in *Personality and Individual Differences* (54/2), 2013.
6 http://blog.neon.de/2013/11/singlemacken
7 http://myspleen.de/spleens/459

8 Paula Niedenthal u. andere: Fashioning the Face: Sensorimotor Simulation Contributes to Facial Expression Recognition, in *Cell* (20/3), S. 227–240, 2016.
9 http://spleen24.tumblr.com/post/84 417 373 590/ich-habe-zwei-felder-auf-meiner-herdplatte-wenn
10 http://spleen24.tumblr.com/page/207
11 http://www.myspleen.de/spleens/363
12 http://www.welt.de/gesundheit/psychologie/article138251854/Ist-es-normal-wenn-ich-ungern-auf-Linien-trete.html#disqus_thread
13 Milton Erickson Institut Hamburg: Die Psychologie des Hörens.
14 http://blog.neon.de/2013/11/singlemacken
15 http://blog.neon.de/2013/11/singlemacken
16 Pawel u. Margaret Jastreboff: Tinnitus Retraining Therapy for Patients with Tinnitus and Decreased Sound Tolerance, in *Otolaryngoologic Clinics of North America* (36/2), S. 321–336, 2003.
17 http://blog.neon.de/2013/11/singlemacken
18 Sebastian Jan Moser: Pfandsammler. Erkundungen einer urbanen Sozialfigur. Hamburg, 2014.

Essen und Trinken

1 Jordan Troisi u. Shira Gabriel: Chicken Soup Really Is Good for the Soul. «Comfort Food» Fulfills the Need to Belong, in *Psychological Science* (22/6), S. 747–753, 2011.
2 Jordan Troisi u. andere: Threatened Belonging and Preference for Comfort Food among the Securely Attached, in *Appetite* (90), S. 58–64, 2015.
3 Brian Wansink u. andere: Exploring Comfort Food Preferences Across Gender and Age, in *Physiology and Behavior* (79), S. 4–5, 2003.
4 Brian Wansink u. Collin Richards Payne: Mood Self-Verification Relates to the Selection and Intake Frequency of Comfort Foods, in *FASEB Journal* (20), S. 174–175, 2006.
5 Max Rubner-Institut. Bundesforschungsinstitut für Ernährung und Lebensmittel: Nationale Verzehrsstudie II, 2008.
6 http://meineticks.de/2009/12/01/die-letzten-scheiben-sind-tabu/
7 Katie Loth u. andere: Food-Related Parenting Practices and Adolescent Weight Status: A Population-Based Study, in *Pediatrics*, 2013.
8 http://www.presseportal.de/pm/6524/1 231 154
9 http://spleen24.tumblr.com/charts
10 http://www.myspleen.de/spleens/1799
11 http://meineticks.de/2010/01/27/eierkopf/
12 http://meineticks.de/2010/01/16/angst-vor-dem-kuken/

Hilfestellung fürs Hirn

1 http://myspleen.de/spleens/1785
2 Timothy Wilson: Just Think: The Challenges of the Disengaged Mind, in *Science* (345/6192), S. 75–77, 2014.
3 http://meineticks.de/2011/04/12/fliesenzaehler/
4 Mehr dazu im Kapitel «Grenzwertiges»
5 Jack Goodman u. Susan Pinkus: That Doodle Book. London, 1973.
6 Jackie Andrade: What Does Doodling Do?, in *Applied Cognitive Psychology* (24/1), S. 100–106, 2009.
7 Pam Mueller u. Daniel Oppenheimer: The Pen Is Mightier Than the Keyboard: Advantages of Longhand Over Laptop Note Taking, in *Psychological Science* (25/6), S. 1159–1168, 2014.
8 http://www.med1.de/Forum/Psychologie/453963/?p=58
9 http://spleen24.tumblr.com/post/94145841175/wir-haben-eine-treppe-bei-der-auf-h%C3%B6he-der
10 Sheena Iyengar: The Art of Choosing. New York, 2010.
11 http://www.myspleen.de/spleens/topspleens/page:68
12 http://www.myspleen.de/spleens/1936

Übersprungshandlungen und Automatismen

1 Brooke Feeney u. Lee Kirkpatrick: Effects of Adult Attachment and Presence of Romantic Partners on Physiological Responses to Stress, in *Journal of Personality and Social Psychology* (70/2), S. 255–270, 1996.
2 http://meineticks.de/2011/08/15/wildes-gestikulieren/
3 Alfonso Troisi: Displacement Activities as a Behavioral Measure of Stress in Nonhuman Primates and Human Subjects, in *Stress* (5/1), S. 47–54, 2002.
4 Robert Soussignan: Duchenne Smile, Emotional Experience, and Automatic Reactivity: A Test of the Facial Feedback Hypothesis, in *Emotion* (2/1), S. 52–74, 2002.
5 Silvia Dirnberger-Puchner: Werden wir wie unsere Eltern? Die Kunst, sein Leben zu verändern. Berlin, 2015.
6 Gregory N. Kawchuk u. andere: Real-Time Visualization of Joint Cavitation, in *PLoS ONE* (10/4), 2015.
7 Donald Unger: Does Knuckle Cracking Lead to Arthritis of the Fingers?, in *Arthritis & Rheumatology* (41/5), S. 949–950, 1998.
8 Der Ig-Nobelpreis wird seit 1991 von der in Cambridge (USA) erscheinenden Zeitschrift *Annals of Improbable Research* vergeben. Vgl. http://www.improbable.com
9 http://www.med1.de/Forum/Psychologie/453963/?p=58?p=58matilda

10 http://www.myspleen.de/spleens/871
11 Vgl. http://myspleen.de/spleens/127

Grenzwertiges

1 Stuart Vyse: Die Psychologie des Aberglaubens: Schwarze Kater und Maskottchen. Basel, 1999.
2 Gregoy Wagner u. Edward Morris: Acquisition of Superstitious Behavior with Children. Kansas, 1980.
3 Lysann Damisch u. andere: Keep Your Fingers Crossed! How Superstition Improves Performance, in *Psychological Science* (21/7), S. 1014–1020, 2009.
4 http://www.stern.de/panorama/wissen/mensch/eine-studie-und-ihre-folgen-kinder-hassen-clowns--3082966.html

Aus dem Verlagsprogramm